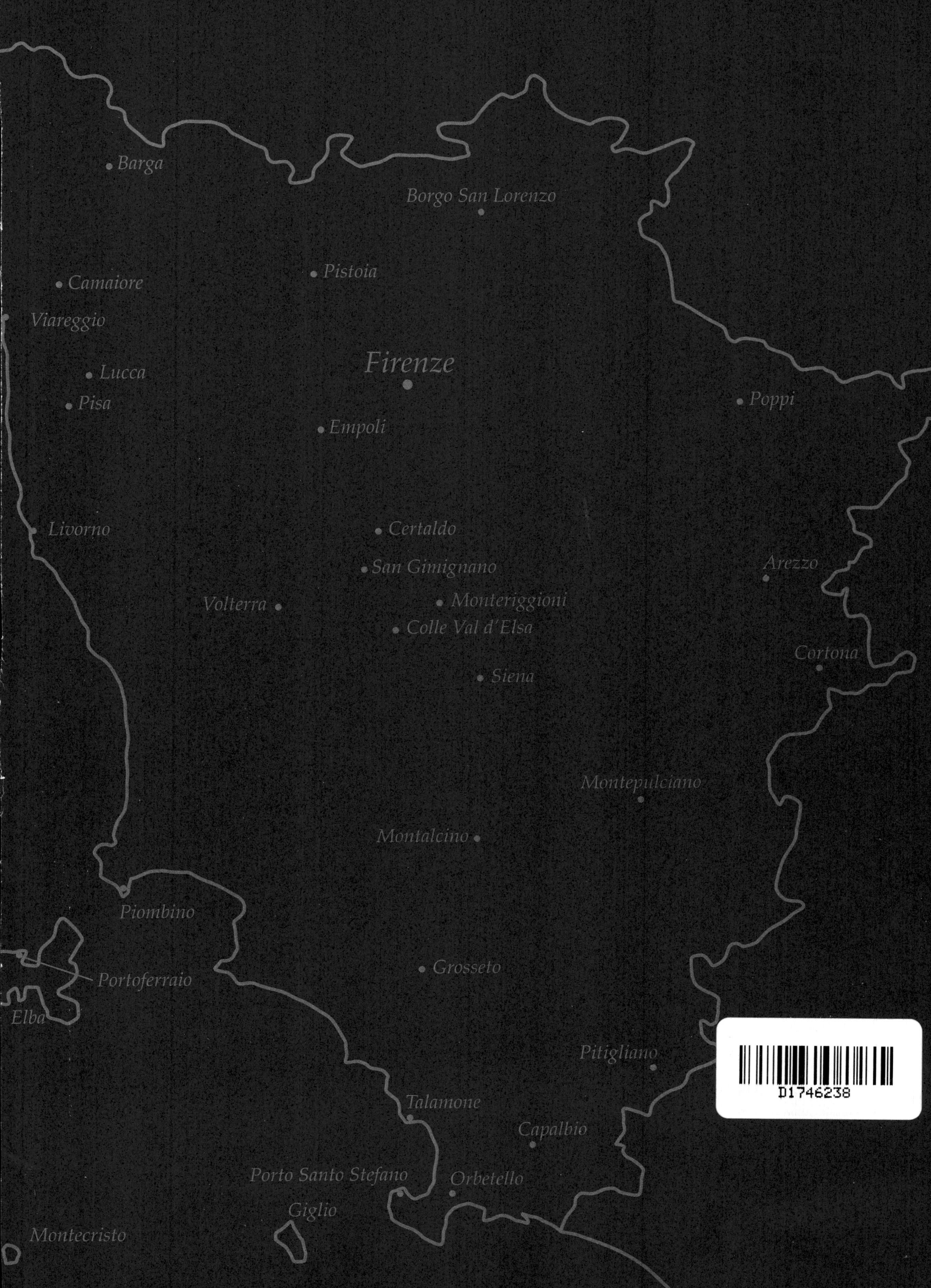

I TESORI DI FIRENZE E DELLA TOSCANA

I TESORI DI FIRENZE E DELLA TOSCANA

Testi
Chiara Libero

Realizzazione editoriale
Valeria Manferto De Fabianis

Realizzazione grafica
Patrizia Balocco

SOMMARIO

Introduzione	pag. 14
Le pietre della storia	pag. 26
Il paese dei cipressi, delle ville e dei borghi	pag. 120
Battaglie per gioco e per onore	pag. 175

© 1994, 2008 White Star S.p.A.
Via C. Sassone 22/24, - 13100 Vercelli, Italia
www.whitestar.it

Nuova edizione ampliata e aggiornata

I diritti di traduzione, riproduzione e adattamento totale o parziale e con qualsiasi mezzo sono riservati per tutti i Paesi. Edizioni White Star® è un marchio depositato e registrato di proprietà della White Star S.p.A.

ISBN 978-88-540-0982-0

Ristampe:
1 2 3 4 5 6   12 11 10 09 08

Stampa in Indonesia

1 A lato dell'ingresso principale di Palazzo della Signoria, la statua più amata dai fiorentini accoglie turisti e visitatori. È il **David** *di Michelangelo, il cui originale è custodito nella Galleria dell'Accademia delle Belle Arti a Firenze.*

2-3 La Torre del Mangia, il Duomo, il campanile, i tetti rossi dei palazzi: il prodigioso splendore di Siena sintetizzato in un solo colpo d'occhio.

4-5 Sulla riva dell'Arno, a Pisa, sorge la chiesa di Santa Maria della Spina. Nel secolo scorso, minacciata dalle piene del fiume, venne smontata e ricostruita.

6-7 Il Ponte Vecchio di Firenze è conosciuto in tutto il mondo come il ponte degli orafi, che dai tempi di Cosimo I vi tengono bottega.

8-9 I cipressi sono uno degli elementi caratteristici della campagna senese: sottolineano le strade sinuose e i crinali delle colline, delimitano i prati e i campi coltivati e spesso costituiscono le uniche piante ad alto fusto della Toscana.

10-11 In questa veduta aerea si riconoscono i principali monumenti di Firenze, che fanno del capoluogo toscano una delle città d'arte più famose al mondo. Il fiume Arno taglia in due la città scandendone il paesaggio con la sua alternanza di ponti.

12-13 Nella foschia mattutina, nei pressi di Asciano, emergono le sagome dei cipressi che caratterizzano il paesaggio senese.

Introduzione

Com'è difficile parlare della Toscana. Si affollano alla mente i luoghi comuni più triti e sembra impossibile dire una parola, una sola, che non sia ancora stata pronunciata da uno storico dell'arte, da un poeta, da un naturalista, da un antropologo o da un semplice, casuale visitatore.
Perché la Toscana attira come un magnete, perché forse non esiste un solo italiano che abbia esclamato, una volta nella vita "Ah, come vorrei vivere a Firenze!", oppure "Come mi piacerebbe un bel rustico nel Chianti!". Si dice "campagna senese" e sgorgano immagini idilliache banalizzate dalla pubblicità: lunghe strade sinuose che segnano prati verdissimi punteggiati di vigneti, con bellissimi cascinali in pietra, un paio di cavalli al pascolo e, di quando in quando, un borgo abitato da contadini cordiali e villanelle appena uscite da una fiaba. Per non parlare dei migliori amici della Toscana, gli stranieri: per loro il Gran Tour non è mai finito. Sulle orme di Byron, Dickens, Rogers, Wordsworth, Forster, tornano a gruppi meno raffinati, forse, ma decisamente più numerosi e disincantati. Passano sopra alle mille incongruenze, agli orari sballati dei musei, alle pizze servite davanti al Palazzo della Signoria, ai panini proposti in Piazza del Campo e persino alle tremende riproduzioni in pura plastica (con lampadine incorporate) della Torre di Pisa. Perché non si può tornare ad Amburgo, a Minneapolis o a Osaka dichiarando che sì, volevano fare un "salto" in Toscana, ma dopo Roma e Venezia il tempo era esaurito.
Per noi italiani invece è una mamma un po' distante, quasi troppo bella e famosa. Non altera, anzi, pronta a mostrarsi e a farci partecipi delle sue virtù, ma consapevole del suo primato. Contrariamente a Roma, sospesa tra la gloria imperiale e le trattorie di Trastevere, tra macchine blu ministeriali e Cinecittà, tra nobiltà e "generone", diversamente da Venezia, dove l'industria del turismo riesce a distruggere la magia, Firenze difende il suo essere città di provincia, pronta ad accogliere, ma altrettanto rapida nel richiudersi. Lieta del suo glorioso passato, del breve periodo da capitale sotto i Savoia, ma ancor più contenta di essere tornata regina solo delle terre più serene, fotografate, dipinte e raccontate. Con la sua corona di città d'arte e di gemme più nascoste, ma straordinariamente brillanti. Con isole rocciose e scabre, con montagne generose e talvolta infide. E con quella parlata di aspirate e sibilanti, dove gli accenti e i toni stanno sempre al posto giusto. Perché, anche se l'italiano è nato qui, in realtà la Toscana parla una lingua sua, che nessun imitatore potrà mai riprodurre nelle sue asprezze e nelle sue improvvise dolcezze. È la lingua di una cultura profonda, ma così lieve da scendere con grazia su ogni abitante, rendendolo, anche se per un solo istante, nipote prediletto di Dante.

15 Massiccia e aerea, inserita in un complesso monumentale di straordinaria suggestione, Santa Maria del Fiore è, con la cupola del Brunelleschi e il Battistero, il centro ideale di Firenze.

16-17 Questo dettaglio è tratto dall'affresco intitolato La cavalcata dei Magi *realizzato da Benozzo Gozzoli nel 1459 sulle pareti della cosiddetta Cappella dei Magi all'interno di palazzo Medici Riccardi, a Firenze. Il tema religioso dell'opera, commissionata da Cosimo I de' Medici, fu solo un pretesto per raffigurare i principali esponenti della nobile e potente famiglia fiorentina.*

18-19 I Monti dell'Uccellina costituiscono i due terzi del Parco Naturale della Maremma: un'oasi incontaminata e selvaggia, un intrico di alberi e arbusti dove l'unico segno del passaggio dell'uomo è rappresentato dai ruderi delle torri di avvistamento.

20-21 La campagna nei dintorni di Montepulciano (Siena) è punteggiata di casolari che interrompono il verde di campi e boschi.

22-23 Pitigliano, in Maremma, alta su uno zoccolo di tufo, ha origini etrusche, ma nel Medioevo visse il suo periodo di maggior splendore come feudo degli Aldobrandeschi e degli Orsini.

24-25 Garrisce al vento lo stemma dell'Oca, una delle diciassette contrade di Siena che, in luglio e in agosto, si contendono senza esclusione di colpi il privilegio di conquistare il palio.

Le pietre della storia

26-27 *Nel limpido cielo notturno si stagliano i simboli del potere comunale e religioso di Siena: la Torre del Mangia e il Duomo.*

All'inizio del secolo la giovane Lucy Honeychurch, armata dell'immancabile Baedeker, arriva a Firenze con intenzioni ben precise: ottenere una camera con vista alla Pensione Bertolini, conoscere da vicino l'arte italiana e, possibilmente vivere un'avventura. Di che genere, non sa. Quel che sa di certo è che solo lì la sua sete di vita e bellezza potrà trovare soddisfazione. Lucy seguiva le orme di migliaia di inglesi, tedeschi e americani, tutti impegnati nel Grand Tour, indispensabile completamento all'educazione di qualsiasi giovane di buona famiglia dell'epoca. Ma come doveva essere diverso, allora, arrivare in Toscana! Già la ricerca di un buon alloggio, di un vetturino affidabile, di un ristorante costituiva un'avventura…

Ma, un momento: è cambiato poi molto, da allora? No, non troppo. La Toscana e le sue città d'arte, grandi e piccole, sono ancora una tappa obbligata. Le avventure dello spirito sono ancora lì, pronte a essere assaporate da chi abbia l'animo pronto a cogliere il bello, l'armonioso, il geniale, l'insolito. E anche la ricerca di un albergo, in fondo, continua a mantenere le sue incognite.

Dall'Inghilterra, dalla Germania, dall'America, ma anche dal Giappone e dal resto del mondo, continuano ad arrivare i Gran Tour. Più veloci, più disincantati; a volte (ma non sempre), meglio organizzati. E la prima tappa è sempre Firenze: diritto di primogenitura, o magari semplicemente comodità. I treni che arrivano alla stazione di Santa Maria Novella, i torpedoni fermi a Piazzale Michelangelo, sfornano ogni giorno, tutti i giorni, migliaia di turisti affamati di Madonne fiorentine e puttini robbiani. Si affrontano l'afa indicibile dell'estate, le camminate interminabili, le file agli ingressi dei musei. Perché come si fa a tornare a casa, confessando di non aver visto il "Tondo Doni", o di essersi persi d'animo di fronte alla salita al Campanile di Giotto? Il tutto con una buona scorta di manuali di storia dell'arte e di romanzi. E il rischio che si corre è di lavorare troppo d'intelletto e troppo poco di cuore e fantasia. Impastati di libri, di Ruskin, Browning, Stendhal e Goethe, si fatica a credere che questa sia una città viva e non un brandello di passato giunto miracolosamente indenne dal Medioevo e dal Rinascimento. Una città che vive sì, e molto, di turismo, ma considerandolo quasi un prodotto accidentale, che per caso si è ritrovata a gestire. Tanto che forse gli ultimi visitatori ricevuti con autentica gioia e sollievo furono i ragazzi col sacco a pelo che, in quel tragico novembre del 1966, arrivarono a salvare i capolavori di Firenze dalla furia dell'Arno in piena. Per quanto riguarda tutti gli altri, la città ha saputo e sa difendersi bene. I fiorentini, ben lontani dal lasciarsi sopraffare, guardano con un pizzico di beffarda insolenza i turisti da "tre giorni e via".

Anzi, a voler ben guardare forse, per i fiorentini moderni, la Firenze storica più che una fonte di guadagno e di fama internazionale è un incubo. Una specie di eredità familiare difficile da gestire e amministrare. Già negli anni '50, Mary McCarthy, da quella fine osservatrice che era, scriveva: "La storia, per Firenze, non è leggenda né eternità, ma un peso immane di scabra pietra da costruzione che richiede continui restauri, e che preme sulla città moderna come un debito, ponendo un freno al progresso".

Problema: se i fiorentini del passato avessero deciso che il progresso non faceva per loro, che lingua si parlerebbe, oggi, in Italia? Che genere di capolavori potremmo ammirare nei musei e nelle pinacoteche? Quale sarebbe stato lo sviluppo sociale e politico della Penisola? Perché, pur non volendo caricare di troppe responsabilità i nipoti di Dante, Giotto e Machiavelli, è pur vero che nulla è così anti-fiorentino come l'idea che l'arte, la bellezza, le idee vincenti siano frutto di un sacro rispetto per la tradizione. Firenze, figlia di Roma nel Medioevo, seconda Atene nel Rinascimento, si è sempre sottratta al ruolo di secondogenita inventando, un secolo dopo l'altro, un lessico tutto suo ed esportandolo con fierezza.

Infatti una delle caratteristiche più tipiche dei fiorentini è di guardare oltre i propri confini. Il castrum fondato da Fiorinus, generale di Giulio Cesare, era a guardia delle strade consolari che portavano a Roma, Lucca, Pisa e Faenza: ed ecco che già si ponevano le basi per un futuro di commerci e missioni diplomatiche. Con i loro viaggi, i fiorentini andavano a conoscere e a esportare idee e manufatti, sempre mantenendo, però, la loro precisa identità e il desiderio di tornare. E, soprattutto, manifestando una sottile e a volte insidiosa insolenza verso l'ordine costituito,

28 e 29 I monumenti fiorentini sono entrati nell'immaginario collettivo: Palazzo Vecchio, la cupola del Brunelleschi, il campanile di Giotto sono ormai patrimonio dell'umanità, visitati da milioni di turisti, ma la loro armonia continua a suscitare emozione.

con una precisa preferenza per il litigio e la rissa, o quantomeno la beffa crudele. Così ci insegnano le cronache, la storia e la letteratura. Questo abbiamo imparato dalle contese con le altre città toscane, dalle lotte perpetue tra le differenti fazioni. E poi, nessun senso di inferiorità nei confronti di Roma, culla della civiltà. Tanto che il proclama con il quale, nel 1294, si affidava ad Arnolfo di Cambio la costruzione del Duomo, in sostituzione della vecchia chiesa di Santa Reparata, parlava chiaro: la Repubblica Fiorentina desiderava un edificio capace di superare in dimensioni e magnificenza qualsiasi altra opera creata nell'epoca di massimo splendore di Roma e della Grecia. Più chiaro di così. Anche se poi il risultato non riuscì a superare la maestà del Partenone, certo è che, anche grazie ai successivi interventi di Giotto e di Brunelleschi, la bellezza di Santa Maria del Fiore toglie il fiato. Punto cardine, inizio ideale di ogni itinerario, si scorge persino dall'autostrada: un'apparizione che fa parte della memoria collettiva non solo degli italiani, ma del mondo intero.

Punto cardine, ma non unico. Chi volesse togliersi lo sfizio di visitare Firenze in tutta la sua interezza, dovrebbe preventivare ben più di tre giorni di inclusive tour. *Tre settimane? Tre mesi? Diciamo tre anni e non ne parliamo più. Solo i musei sono una settantina. E ogni chiesa, poi, è un altro museo a sé stante. E i palazzi, i ponti, le stradine "pittoresche". Altro che Baedeker!*
Si rischia il collasso da troppa arte, una bella "Sindrome di Stendhal" in piena regola. Si ha quasi l'impressione che Firenze sia "troppo" per un visitatore normale, con desideri raffinati ed estesi, ma non inesauribili. Lo stesso Henry James, che pure non era né un novellino né uno scansafatiche, doveva confessarsi un po' sopraffatto. Basterebbe dare un'occhiata a una pianta monumentale di Firenze per rendersi conto della sfida. Solo volendo considerare il triangolo storico compreso tra la Fortezza da Basso, San Marco e il Forte di Belvedere, escludendo quindi Fiesole, San Miniato, Le Cascine e i quartieri più modesti, non esiste via, angolo o piazza che non presenti almeno un'occasione di meraviglia.
Il tutto in una città che è sempre stata ben lontana dall'autocompiacimento, o dal pericolo di trasformarsi in un museo permanente. Infatti, benché ne esistessero tutte le premesse, Firenze è finora riuscita a sfuggire al rischio di ritrovarsi a dover far conto solo sulla propria bellezza. E se la massa di turisti ha favorito il proliferare di "-teche" e fast food, di baracchini di chincaglieria, di guide-bigini con elenco dettagliato di "tutto quel che non dovete mancare di vedere", resta pur sempre un luogo dove si vive, si lavora, si praticano attività diverse da quella, affatto nobile, dello "spennamento sistematico" del turista.
Una caratteristica che è condivisa, grazie al cielo, da tutte le grandi città d'arte toscane. Tanto che, se si segue il corso dell'Arno fin quasi alla foce, fino a Pisa, grande, storica e sfortunata nemica di Firenze, si ritrova un po' lo stesso spirito: i pisani hanno meraviglie che chiunque, in qualsiasi parte del mondo, sarebbe in grado di riconoscere, ma sono stati soprattutto grandi viaggiatori, commercianti e studiosi. Anche Pisa era sulla direttrice di due importanti vie consolari, l'Aurelia e l'Emilia Scauria, che la collegavano a Roma, alla Provenza e su fino al Baltico.
Ma soprattutto aveva uno dei porti fondamentali per i traffici sul Mediterraneo: una fonte di ricchezza immane, non solo sul versante finanziario. Basterebbe il complesso monumentale di Campo dei Miracoli, con il Duomo, il campanile, il Battistero e il Camposanto, per assicurare a Pisa un posto d'onore eterno. L'immagine della Torre pendente è, con ogni probabilità, una delle dieci più famose al mondo. Un simbolo universale, anche se banalizzato nelle migliaia di riproduzioni in pura plastica, trasformato in posacenere, fermacarte, orologio, vezzoso soprammobile, tanto da diventare l'esempio più tipico del kitsch turistico. Ideale tramite tra terra e cielo, la Torre era nata in una città di mare. Oggi il Tirreno sembra lontano, separato da una lingua di terra larga una decina di chilometri. Eppure Pisa conserva, nell'aria, un vago profumo di salsedine, la stessa che ha corroso il marmo delle facciate delle chiese. L'odore del mare si mescola a quello del fiume, che qui, contrariamente a quanto accade a Firenze, dove avanza tumultuoso, sembra quasi rassegnato alla sua prossima fine. Tutto è più disteso, benché la storia non abbia risparmiato a Pisa vicende a tinte forti, grandi successi politici e cocenti sconfitte.

30 Diotisalvi concepì il Battistero di Pisa come un grandioso tempio a pianta circolare, con l'esterno fantasiosamente suddiviso in tre ordini sempre più leggeri: arcate cieche su colonne e loggiati ad arcatelle, traforati come un prezioso merletto.

31 La fondazione della Torre di Pisa risale al 1173 e viene attribuita al Bonanno. Il progetto prevedeva un'altezza molto superiore a quella attuale (circa 55 metri), ma i cedimenti del terreno, che porteranno alla celebre pendenza, iniziarono quasi subito e costrinsero a ripiegare su una struttura più modesta.

32 in basso Il Battistero di Pistoia, eseguito tra il 1338 e il 1359 su disegno di Andrea Pisano, è un'elegante costruzione gotica a base ottagonale rivestita di marmi bianchi e verdi. Nell'immagine è visibile la parte superiore di uno dei tre portali, tutti ornati con preziose statue, rilievi in marmo bianco e motivi decorativi geometrici.

Tra il 1000 e il 1300 si assiste a uno sviluppo davvero prodigioso, sia della città sia della regione: diventata grande potenza marinara, Pisa celebra i suoi trionfi con una serie di monumenti illustri e vede la sua popolazione aumentare fino alla ragguardevole cifra di quarantamila abitanti. È solo con la sconfitta della Meloria che inizia la decadenza: guerre, perdita dell'indipendenza, carestie, inondazioni, epidemie. Una sequenza di tragedie che avrebbe piegato qualsiasi civiltà. Ma a Pisa, ormai persa nella campagna, restavano almeno i ricordi del periodo d'oro: oltre a Campo dei Miracoli (bizzarra definizione, visto che nel Medioevo così venivano chiamate le piazze dove si esibivano ciarlatani e saltimbanchi), l'elenco è impressionante. Chiese, palazzi, piazze, prodigi come Santa Maria della Spina, minuscolo e bianchissimo gioiello gotico, trionfo di guglie e trafori, che nella seconda metà dell'Ottocento venne completamente smontato e ricostruito tale e quale qualche metro più in là, per salvarlo dalle continue alluvioni. Pinnacoli e guglie si ritrovano spesso nell'architettura pisana: sono una specie di marchio indelebile, un ricordo perpetuo di un'epoca di splendore troppo breve e intensa. L'amarezza della sconfitta venne attenuata, almeno in parte, dalla fama, anche allora mondiale, dell'Università: lo Studio pisano fu il primo ad avere un riconoscimento ufficiale, con la bolla "In Supremae dignitatis" di Clemente VI, nel 1343. La tradizione di Pisa come città di studi è continuata e con la Scuola Normale, fondata nel 1810 da Napoleone, la città è ancora ai vertici dell'insegnamento superiore. Una tradizione che risale a tempi lontani. Basterebbe citare, oltre al "solito" Galileo Galilei e ai suoi esperimenti sull'isocronia del pendolo nel Duomo, un nome che rappresenta un vero mito per i matematici: quello di Leonardo Fibonacci. Per chi non lo sapesse, fu lui a individuare una serie di numeri con proporzioni molto precise (ognuno doveva essere la somma dei due precedenti), che si ritrovano poi in infiniti fenomeni naturali. Un genio. Difficile dire se parte del suo ingegno aleggi ancora in città, ma di certo una delle attuali ricchezze di Pisa è proprio costituita dagli studenti, che arrivano non solo dal resto d'Italia, ma anche dall'estero.

32-33 La forma singolare del campanile del Duomo di Pistoia, di cui qui è raffigurato un dettaglio, è dovuta alle diverse vicende che ne hanno segnato la storia: prima torre longobarda, poi torre civica, giunse all'aspetto attuale solo nel XVI secolo.

33 in alto Il Duomo di Pistoia è caratterizzato da un elegante porticato con cassettoni in terracotta smaltata, opera di Andrea della Robbia. Venne iniziato nel V secolo e fu in seguito ristrutturato, con profonde modifiche, nel XIII secolo.

33 in basso Giovanni Pisano ha lasciato nella Chiesa di Sant'Andrea, a Pistoia, due opere di straordinario impatto emotivo e artistico: un Crocifisso ligneo, ma soprattutto il pergamo, con rilievi che illustrano il tema della Redenzione.

Così, a secoli di distanza, questa è ancora una città giovane, che accoglie senza pregiudizi. Continua la vocazione cosmopolita che faceva dire a un prelato dei tempi di Matilde di Canossa, decisamente scandalizzato: "La città è contaminata da pagani, turchi, libici, parti e caldei di pelle scura che si aggirano sulla spiaggia". Evidentemente la contaminazione razziale e religiosa non era guardata dai pisani con astio, bensì con accondiscendenza: grande afflusso di popoli stranieri significava grande successo mercantile e marittimo. Più vasti gli orizzonti, più ricca la messe di idee. Oggi sono rimasti, oltre agli studenti, i turisti, che vengono però esclusi dal computo degli ospiti fissi. Anche i pisani, come i fiorentini, mantengono un disinvolto distacco nei confronti di chi ritiene, a torto, di poter "entrare" nella loro città in poche ore. Meno appariscente, più discreta, si scatena solo in particolari occasioni, come nel gioco del Ponte, un tempo decisamente violento, oggi ridimensionato. Allora si scaldano gli animi e torna lo spirito combattivo di otto secoli fa, quando la lotta era contro Amalfi, Genova, Venezia. Vocazione internazionale anche a Siena, che pure è, per paradosso, forse una delle città più tenacemente provinciali. E nel suo caso "provinciale" non è affatto dispregiativo. È piuttosto un termine affettuoso, che indica una civiltà miracolosamente sfuggita, o quasi, alle lusinghe del tempo. Appartata, di una purezza medievale quasi assoluta: ci si è domandati spesso che cosa sia mai stato a permettere che, per motivi che appaiono a volte ingiusti, la modernità abbia solo sfiorato, quasi per sbaglio, le sue mura. E, soprattutto, ci si chiede come mai, in un determinato momento storico, proprio qui, in un angolo di paradiso baciato da una serie di circostanze fortunate, si sia formata una scuola pittorica che vanta almeno quattro nomi

34 in alto La cattedrale di Arezzo ha una sua scenografica maestà: annunciata dalla scalinata, continua all'interno con affreschi e grandi vetrate e culmina nella **Maddalena di Piero della Francesca**.

34 in basso Nella chiesa di San Domenico ad Arezzo è conservata l'opera più antica di Cimabue giunta ai giorni nostri: il **Crocifisso**. I colori lividi, la deformazione del volto santo nello spasimo del dolore estremo ispirano una religiosità emotiva e profondamente umana.

35 La duecentesca chiesa di San Francesco ad Arezzo è una vera e propria pinacoteca. Nel coro, il ciclo di affreschi di Piero della Francesca dedicato alla **Leggenda della Croce** riassume in sé i temi della pittura rinascimentale.

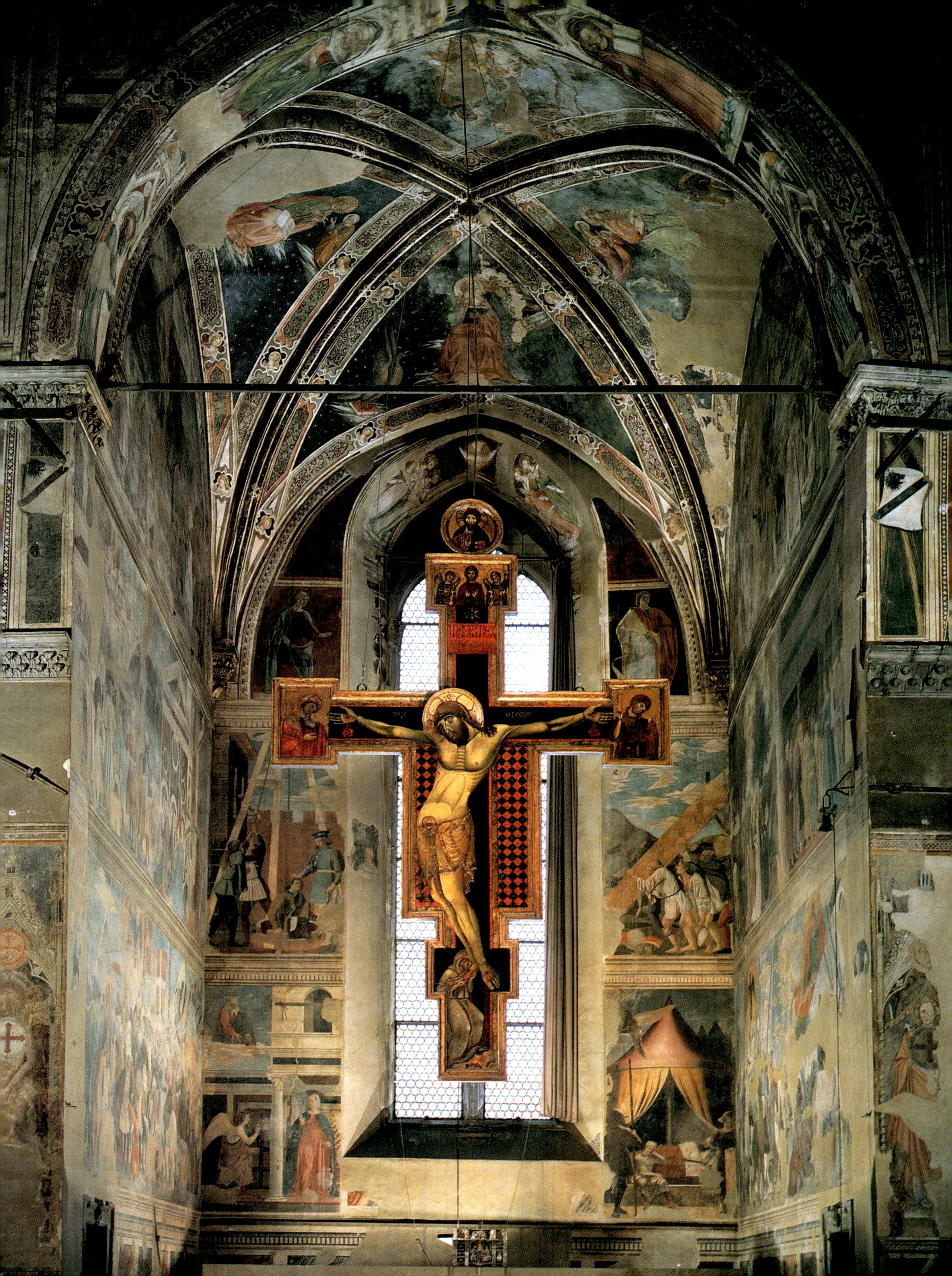

fondamentali per l'arte: Duccio di Buoninsegna, Simone Martini, i due Lorenzetti. Un fenomeno che ha sconvolto il mondo dell'arte dal Duecento fino al Rinascimento e che forse trova la sua spiegazione nel carattere stesso dei senesi. Gli aggettivi che, nel corso dei secoli, sono stati usati per definirlo sono infiniti, e spesso contraddittori: bizzarro, versatile, cavalleresco, sentimentale, libero, eroico, gaio e drammatico. I fiorentini, che con i senesi non sono mai andati d'accordo, con un pizzico di malizia dicevano che era stato ereditato non tanto dai Romani, a cui pure si attribuisce la fondazione della città, quanto dai Galli guidati da Brenno, o dai barbari germanici inurbati. Comunque sia, il risultato è un orgoglio collettivo esasperato, che trova poi la sua massima manifestazione popolare nel Palio delle Contrade. E che si rivela anche in un'arte che profonde a piene mani oro e colori, tra slancio, estasi mistica e fiera celebrazione delle glorie civiche, come nel ciclo degli Effetti del Buon Governo e del Cattivo Governo *di Ambrogio Lorenzetti. Perché l'arte, a Siena, è sempre stata trionfo di popolo: l'ultimo colpo di pennello di Duccio di Buoninsegna alla pala della* Maestà *venne festeggiato con tre giorni di baldoria collettiva. E ancora oggi sembra che, a Siena, il distacco tra le opere create dall'uomo e la vita degli abitanti sia meno netto che altrove. Forse il merito è delle dimensioni raccolte, della struttura ancora medievale. Siena, come una chiocciola ben acquattata, riempie ogni interstizio del suo guscio, respinge le auto, invita a passeggiare, a salire la scalinata di San Giovanni e a vagare, con l'odore delle spezie che arricchiscono il panforte. Venendo dalla campagna, dalle Crete gialle e ocra e dal verde delle colline, il rosso degli edifici in cotto, i campanili, le svelte forme gotiche sembrano perfettamente integrati, quasi spontanea emanazione della terra. Anzi, campagna e città scorrono una nell'altra e si percepisce che sotto al selciato a spina di pesce di Piazza del Campo si incontrano le tre colline che fanno da base alla città. Si sente che la forma di conchiglia non è stata voluta da un urbanista in vena di facezie, ma da una ben precisa struttura geomorfica. Parlare di Siena e nominare appena di sfuggita Piazza del Campo non ha senso, e non solo perché Montaigne, a ragione (e i veneziani ci scuseranno), l'ha definita la piazza più bella del mondo. Perché è qui che si concentra la storia civile della città, mescolata spesso a quella sacra, che trova il suo fulcro più sopra, nella gigantesca fabbrica del Duomo. Nel Campo si teneva il mercato, nel Campo arrivava - allora come oggi - l'acqua per la Fonte Gaia attraverso un acquedotto lungo venticinque chilometri. Ma, soprattutto, nel Campo si tenevano i giochi per i quali i senesi andavano letteralmente pazzi. Ovviamente il Palio, di cui si parlerà ancora, ma anche tenzoni più sanguinarie e fantasiose, che riprendevano, in dimensione ludica, quelle che si tenevano fuori le mura contro nemici decisamente meno disposti alla burla. Il più antico, e forse il più bizzarro, era quello della "pugna": in pratica, si trattava di menarsele di santa ragione, con il dichiarato intento di massacrare l'avversario. O ancora il gioco del Mazzascudo: i contendenti, con una cesta di vimini in testa, si picchiavano con l'assistenza, non solo morale, degli spettatori. E se ci scappava il morto, pazienza. "Panem et circenses", come avevano insegnato gli antenati Romani. La passione dei senesi per i giochi è sempre stata così viva che, secondo la leggenda, furono proprio loro a "insegnare" agli spagnoli, dominatori per lungo tempo, le regole e i costumi della tauromachia. Città quanto mai pronta allo scherzo e alla passione, quindi, ma anche di una dolcezza così singolare da commuovere. Nei crepuscoli d'estate, quando il sole arrossa ancora di più il cotto, scomparendo lentamente dietro alle torri e ai tetti, nessuno può resistere. Ed è questa curiosa mescolanza di violenza e armonia, di furore e affetto, a fare di Siena la città del ricordo e del rimpianto per tutti. Le tre "capitali" della Toscana, Firenze, Pisa e Siena, godono comunque di una corte di principesse di sangue reale. Lucca, Arezzo, Pistoia, ma anche Grosseto, Livorno e Massa e Carrara, spesso addirittura dimenticate negli elenchi delle "grandi città d'arte", e di cui si parlerà in seguito insieme al loro ambiente naturale, del quale sono parte integrante. Di sicuro Lucca merita un posto di primissimo piano, se non altro perché offre l'ultima dimora alla bellissima Ilaria del Carretto, sposa di Paolo di Guinigi, signore della città.*

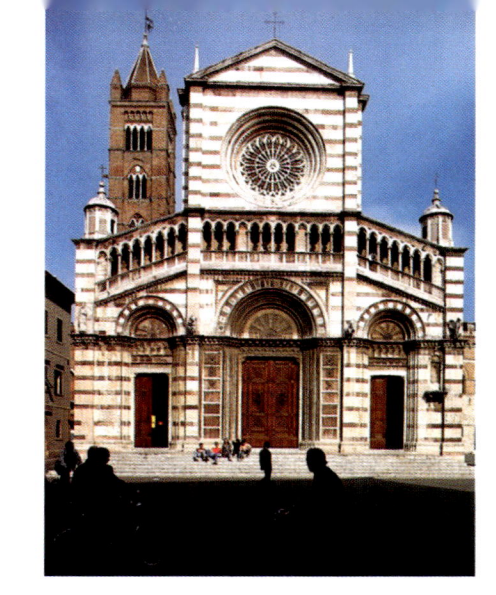

37 in alto a sinistra
Nel Duomo di Grosseto è rimasto ben poco dello stile senese che lo caratterizzava in origine. La facciata è stata rifatta nella prima metà dell'Ottocento e anche l'interno ha perduto la sua originaria struttura, benché si possano ancora ammirare un bel fonte battesimale e l'altare della Madonna delle Grazie, di Antonio Ghini.

37 in alto a destra
La "cenerentola" delle città toscane, Grosseto, riserva grandi sorprese a chi sa guardare oltre le poderose mura che ne racchiudono la parte più antica e che nell'Ottocento vennero adattate a passeggiata pubblica.

37 in basso Nel cuore antico di Grosseto, racchiuso tra le mura, si allarga piazza Dante, un tempo chiamata del Cisternone o delle Catene. La città ha origini piuttosto recenti: nacque infatti dopo il 935, quando l'antica Roselle venne devastata dai saraceni e abbandonata in favore del piccolo castello di Grosseto.

Il suo monumento funebre ha fatto innamorare generazioni di romantici attirando purtroppo anche le attenzioni di vandali grafomani armati di matite e pennarelli. Iacopo della Quercia, scultore e, in questo caso, eccezionale ritrattista, ce l'ha trasmessa in tutta la sua grazia, composta, di una bellezza serena e pacificata. Potrebbe essere questa la sequenza di aggettivi adatti a Lucca, tranquilla signora d'età, protetta da una cinta poderosa e apparentemente inespugnabile. Dietro ai torrioni la città non ha subito grandi cambiamenti, conservando un suo carattere tra il nobile e il bonario, da piccola capitale in disuso. La palma di via più amata resta al Fillungo, civilmente (ma anche forzatamente, considerandone le dimensioni) riservata ai pedoni. Un corso che si potrebbe imparentare alle Mercerie di Venezia, ma che ha anche, nonostante il lusso delle vetrine, qualcosa in comune con un souk orientale. E pensare che, oltre un secolo fa, Lucca aveva corso il rischio di vedere stravolta la sua struttura: nel 1866 le mura erano state messe in vendita, offerte alla speculazione edilizia privata. Le acquistò il comune, che per qualche tempo, pensò addirittura di abbatterle per far posto a chissà cosa. Per fortuna la cittadinanza insorse, salvando una delle passeggiate più suggestive della Toscana. Provinciale quanto basta a renderla una città-rifugio per molti metropolitani stremati, a due passi da una campagna sublime e punteggiata di ville straordinarie, Lucca è ed è stata una città ricca, di commercianti e banchieri. L'apogeo della sua potenza economica, politica e artistica si situa nel Duecento, quando i lucchesi iniziano a costruirsi la fama di astuti e intelligenti mercanti: ben sapendo di non poter competere con Firenze in alcuni campi, come quello della produzione della lana, si specializzano in quella della seta. I loro damaschi, velluti, broccati d'oro e d'argento erano famosi in tutto il mondo medievale e avevano successo in Francia, Fiandra, Inghilterra. Si esportavano tessuti, ma anche cittadini: la presenza di importanti famiglie lucchesi a Parigi, a Montpellier, nella Champagne, era massiccia e fondamentale per migliorare i rapporti con i potenti d'Europa. Come è ovvio, fu questo il momento di massimo splendore artistico della città.

38-39 Il completamento della Maestà *di Duccio di Buoninsegna (nell'immagine è ritratto un particolare del retro del pannello), oggi nel Museo dell'Opera Metropolitana di Siena, venne festeggiato dall'intera cittadinanza con tre giorni di celebrazioni. Capolavoro della pittura senese del XIV secolo, creazione complessa e affascinante, divenne ben presto un modello per altre composizioni con lo stesso soggetto.*

Il Romanico lucchese è un misto di saldezza, semplicità, volontà di chiarezza e solo in seguito le influenze pisane introdurranno forme più ricche: d'altra parte, si sa, il benessere non si crea con l'ostentazione. Inizia anche il periodo di odio-amore con Firenze. Alleate quando a entrambe conviene, più di frequente nemiche: e Lucca è destinata a soccombere e a ripiegarsi su se stessa, preoccupata solo di difendere la propria esistenza, migliorando la vita civile e incrementando i commerci. Ma anche qui non sono mancate lotte e congiure come quella, celeberrima, del Burlamacchi: non si deve scordare che siamo in Toscana, terra inquieta. Come a dire che se la politica estera delude, ci si rifà almeno con le beghe interne. Altrimenti come si potrebbe sopportare una pace così perfetta, dove basta uscire di qualche chilometro dalle mura per immergersi nel paradiso della Lucchesia? Le ville del contado, da sole, meriterebbero un lungo discorso. Come quelle venete della Riviera del Brenta, rappresentano la ricchezza, il buon gusto, la voglia di divertimento dei bravi cittadini che, stremati dalle cure degli affari, si facevano costruire monumentali capolavori per le vacanze: la più celebre, Villa Mansi di Segromigno, risalente al Seicento ma rifatta due secoli dopo dallo Juvara, Villa della Gattaiola, Villa Orsetti, Villa Santiti-Torrigiani. Altrettanto legata alla terra, alla campagna è Pistoia, una città che ha vissuto ben pochi momenti di grandezza e molti di sconfitta. L'anonimo cronista delle "Istorie Pistoiesi" parla di momenti bui, in cui le lotte di parte trasformano la città e il contado in teatro di massacri, fino al 1306, quando cade in mano a Firenze e a Lucca. E allora il massacro passa anche ai tesori dell'arte e lo spirito di rivalsa scema per sempre, cedendo il posto a una sobria malinconia. I conquistatori distruggono ogni ricordo della passata potenza, abbattono le torri e le mura. I pistoiesi cercano di reagire, ma con poco successo, e all'inizio del XV secolo diventano, in pratica, sudditi dei loro vicini di casa. Forse per questo proprio loro sono, tra i toscani, i meno portati alla celebrazione del proprio passato. Preferiscono dimenticare. La Giostra dell'Orso, ripresa nel secondo dopoguerra dopo secoli di oblìo, non ha precisi riferimenti storici. Qui si preferisce vivere il Duomo, le belle chiese romaniche, il piccolo nucleo medievale come parte integrante della vita cittadina, non come vanti da incensare. I fasti d'altri tempi si riservano alle forme neoclassiche o liberty di Montecatini, con le sue Terme Leopoldine. Eppure l'arte pistoiese non è cosa da poco. A cominciare da quella lasciata da Coppo di Marcovaldo, ormai riconosciuto come il maestro di Cimabue e di cui si ammira, nel Duomo, un grandioso Crocifisso. E nel Trecento l'influenza di Giotto si fa sentire prepotentemente anche qui, nella "provincia". E poi l'architettura romanica, il Gotico del Battistero e della chiesa di San Paolo. Ma Pistoia è soprattutto scultura e in particolare il pergamo della chiesa di Sant'Andrea, di Giovanni Pisano. Un sigillo immortale di riconoscenza e devozione alla città che aveva accolto l'artista. Un'opera, come scrisse Pietro Toesca, "in cui si deforma a quel 'visibile parlare' che Dante vagheggiava nella scultura. Nessuna costrizione trattiene lo scultore, pur nel breve spazio dei pennacchi degli archi, nell'immaginare quelle figure in atti che si accordano complessi, che si urtano contrastanti, in una così intensa agitazione fisica e spirituale che non ha paragone in nessun altro capolavoro dell'arte gotica. Soltanto la commossa vita interiore sembra determinare in ogni gruppo, in ogni figura, composizione e forma, non per esteriore norma stilistica ma per esprimere moto e passione". Una lunga citazione per un'opera composta appena prima della sconfitta e che riassume, forse, tutte le contraddizioni di carattere e di spirito dei pistoiesi, destinati a vivere di malavoglia nell'orbita di Firenze. L'ultima tappa di un immaginario viaggio nella Toscana metropolitana è Arezzo, che Giorgio Saviane ha definito "l'esasperazione della toscanità": tra la purezza limpida e pietrificata dell'arte di Piero della Francesca e l'immortale salacia degli scritti "maledetti" di Pietro Aretino. Purtroppo l'urbanistica moderna ha infranto gran parte del fascino che, a quanto si racconta, impressionava i viaggiatori di qualche decennio fa. Il rinnovamento ha colpito anche la struttura economica, con industrie importanti, come quella dell'oreficeria e dell'abbigliamento. Cambiamenti che non fanno dimenticare le origini nobili della città: Arretium era una delle più importanti città etrusche, sede di una delle dodici lucumonie.

41 *L'originale del* David *di Michelangelo viene conservato alla Galleria dell'Accademia di Firenze, protetto non solo dall'inquinamento di Piazza della Signoria che ha rischiato di rovinarlo per sempre, ma anche dagli atti vandalici, come lo sfregio subito da parte di uno squilibrato nel 1991.*

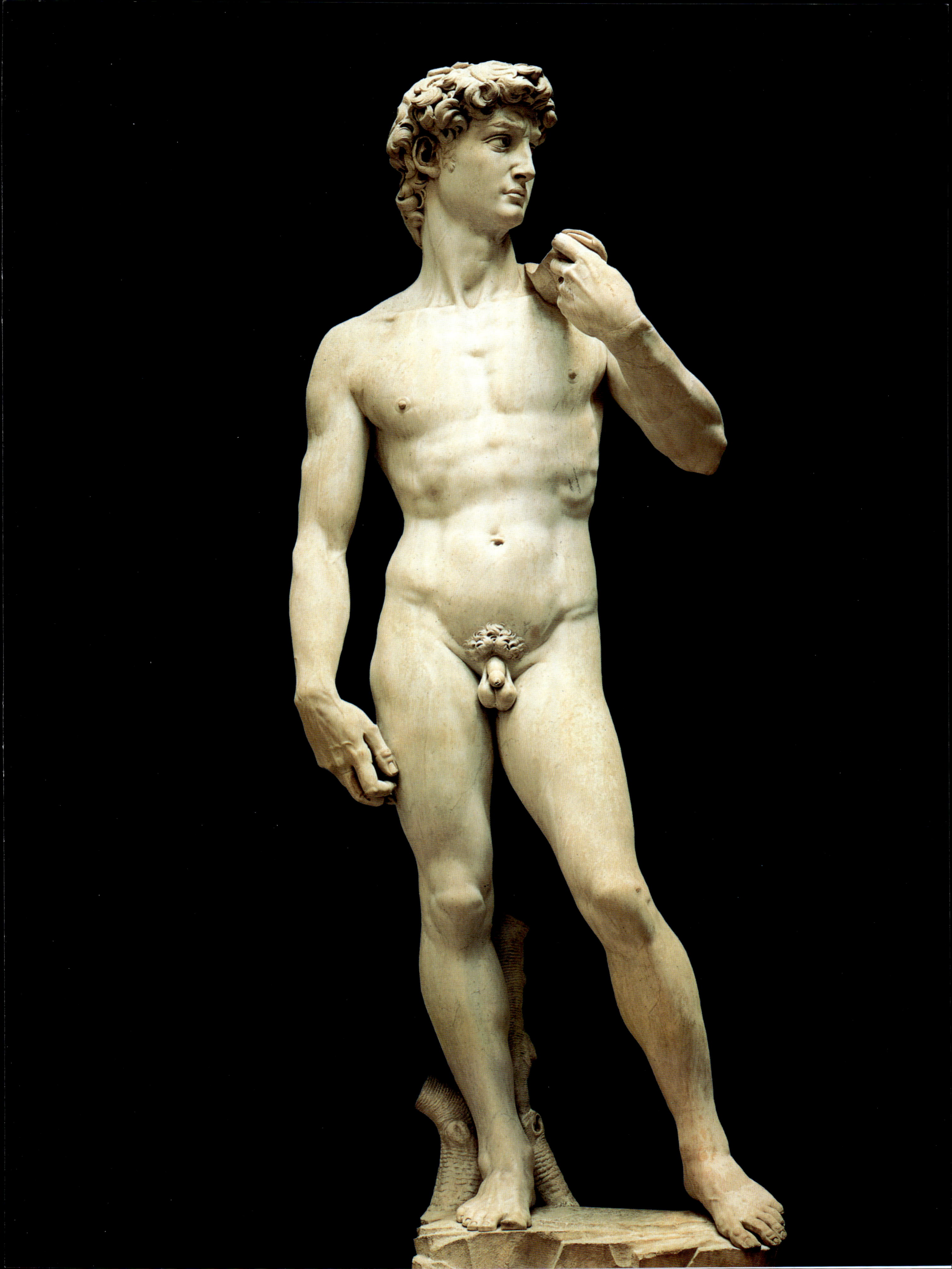

Ricca, in posizione privilegiata per i traffici, allo sbocco delle tre vallate dell'Arno, del Tevere e della Chiana, aveva tutti i numeri per diventare un centro di fondamentale importanza. Premesse mantenute durante la dominazione romana e conservate anche nell'Alto Medioevo, quando la vita cittadina si fa più intensa, all'ombra dei Longobardi e dei Marchesi di Toscana, con la fondazione di uno Studio giuridico e letterario, chiuso nel Trecento. Ma come ogni città toscana, Arezzo è soprattutto arte. Ed è Piero della Francesca, con la sua prospettiva rigorosa, la monumentalità classica, e con la **Leggenda della Croce**, *il ciclo di affreschi nel coro della chiesa di San Francesco: basterebbe guardare un dettaglio, la veduta di Arezzo, e confrontarla con il mosaico di tetti della città, per capire quanto il pittore fosse in sintonia con la committenza, ma soprattutto con una sua idea di limpidezza cristallina. La Leggenda è opera della maturità: le storie medioevali di Jacopo da Varagine diventano episodi rinascimentali, esaltazione solenne della concretezza, dell'umano. Una nobiltà sobria e poco appariscente, che riveste anche le vie della città. Purtroppo la bellezza dell'antico centro è stata sconciata, durante l'ultima guerra, da dolorose distruzioni, spesso colmate con esempi di edilizia irrispettosa. La zona monumentale è rimasta così come isolata, vanamente protetta dalla fortezza cinquecentesca. E lì sotto, in Piazza Grande, si tiene a fine estate la Giostra del Saracino che, insieme al Palio di Siena e al Calcio in costume fiorentino, è la festa di popolo, di costumi e colori più amata della regione.*

42-43 Il Fanciullo addormentato *è una delle opere più famose di Giovanni Duprè, scultore ottocentesco senese seguace del Canova e rappresentante insigne del Neoclassicismo. Nei suoi scritti autobiografici, Duprè, con stile limpido e vivace, tracciò un interessante quadro dell'ambiente artistico toscano dell'epoca.*

Firenze, signora d'armi e bellezza

44   Il campanile di Santo Spirito, in primo piano, annuncia la teoria di tetti, cupole, torri che fanno del profilo aereo di Firenze un ambasciatore dell'arte e della vita italiane nel mondo.

44-45   Prima di diventare "regno" degli orafi, Ponte Vecchio era il mercato delle carni; i macellai vennero sfrattati definitivamente alla fine del Cinquecento con l'accusa di aver insozzato con gli scarti del loro lavoro la bellezza del luogo.

46-47   Quarta chiesa in Europa per grandezza, Santa Maria del Fiore, Duomo di Firenze, domina con la sua mole il centro storico della città. La maestosa cupola del Brunelleschi, il Battistero di San Giovanni a pianta ottagonale e lo slanciato Campanile di Giotto fanno del complesso una delle meraviglie architettoniche della città e della Toscana.

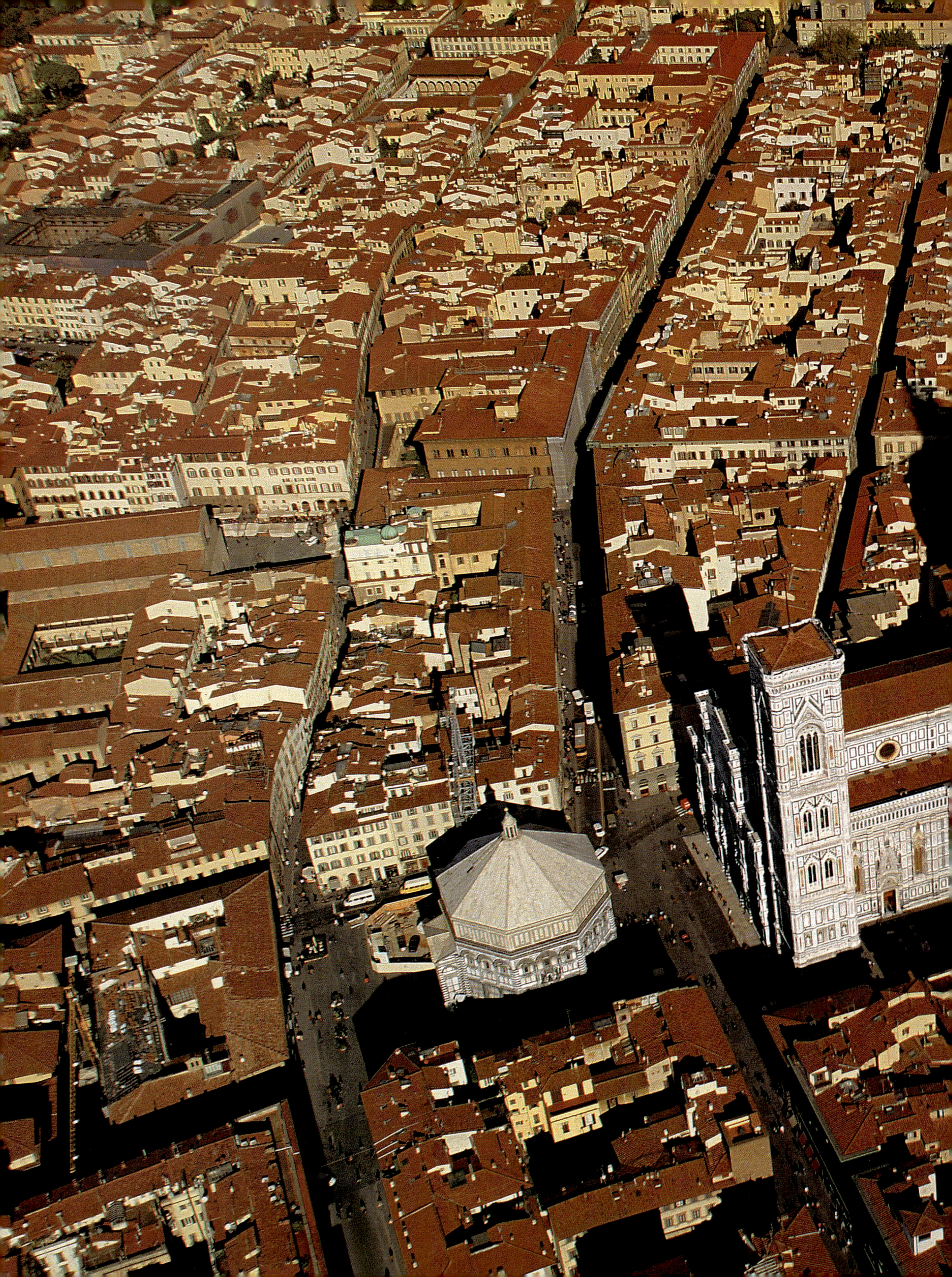
MARTINI

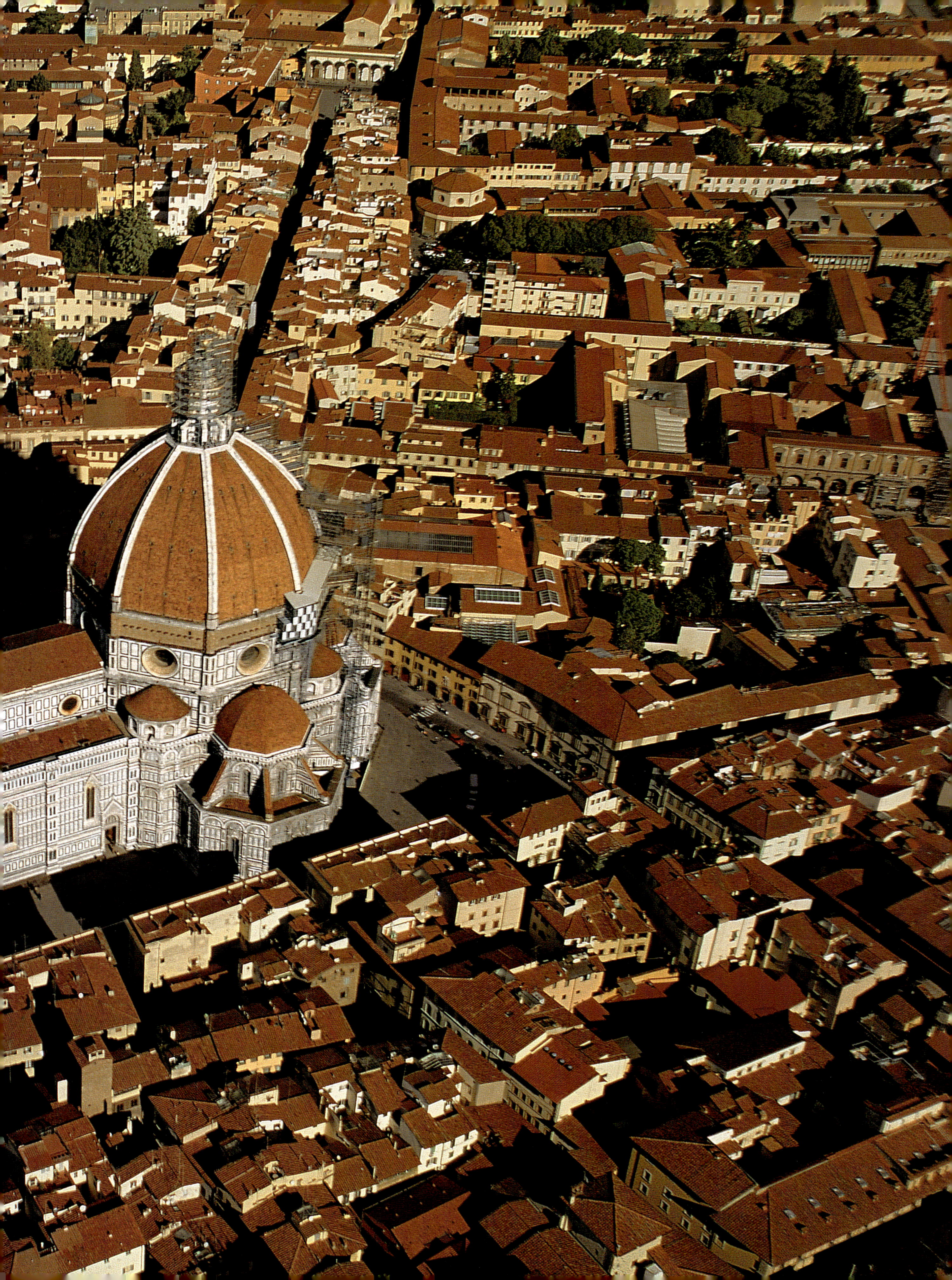

48 e 49 La porta orientale del Battistero di San Giovanni, nota come "Porta del Paradiso", è suddivisa in 10 riquadri disposti su 2 colonne, decorati con pannelli dorati realizzati dallo scultore e orafo Lorenzo Ghiberti nel 1452. I riquadri rappresentano scene dell'Antico Testamento quali l'episodio dello scontro tra Davide e Golia (a sinistra) e la creazione di Adamo ed Eva (a destra). I pannelli originali sono oggi conservati presso il Museo dell'Opera del Duomo, mentre sulla porta sono collocate delle repliche.

49

50

50-51 La scena principale dei mosaici della cupola del Battistero di San Giovanni, che occupa ben tre spicchi, è rappresentata dal Giudizio Universale dominato da una grande figura del Cristo. In questo dettaglio si riconoscono i dannati all'Inferno, torturati dai diavoli e divorati da Satana.

51 in alto In questa scena dei mosaici della cupola del Battistero di San Giovanni un angelo accompagna in cielo i giusti alla presenza dei patriarchi biblici. Sulle ali dell'angelo si legge l'incipit di un passo del Vangelo di Matteo: "Venite, benedetti del Padre mio, ricevete [il regno] preparato [per voi fin dalla fondazione del mondo]".

51 in basso La cupola del Battistero di San Giovanni è decorata da splendidi mosaici dorati organizzati in otto spicchi a loro volta divisi in fasce concentriche. Realizzati tra la fine del XIII e gli inizi del XIV secolo, i mosaici sono il frutto probabilmente di una collaborazione tra maestranze fiorentine e veneziane.

52 in basso I Giardini di
Boboli a Firenze, alle spalle
del maestoso Palazzo Pitti,
sono opera del Tribolo
e del Buontalenti. Essi
rappresentano uno dei più
felici esempi di giardino
all'italiana.

52-53 L'Arno ha avuto un ruolo preciso nella storia di Firenze: erano le sue acque, infatti, ad alimentare le industrie della lana e del cuoio, che arricchirono la città nel Medioevo e permisero il finanziamento delle opere d'arte.

53 in alto Il Battistero del Duomo, dedicato a San Giovanni, è forse uno dei monumenti più amati dai fiorentini fin dai tempi di Dante.

53 in basso I ponti di Firenze che attraversano l'Arno non hanno avuto vita facile, dovendo combattere con la furia delle piene, ma anche con la perfidia umana. Durante la Seconda guerra mondiale vennero fatti saltare tutti, con l'eccezione di Ponte Vecchio.

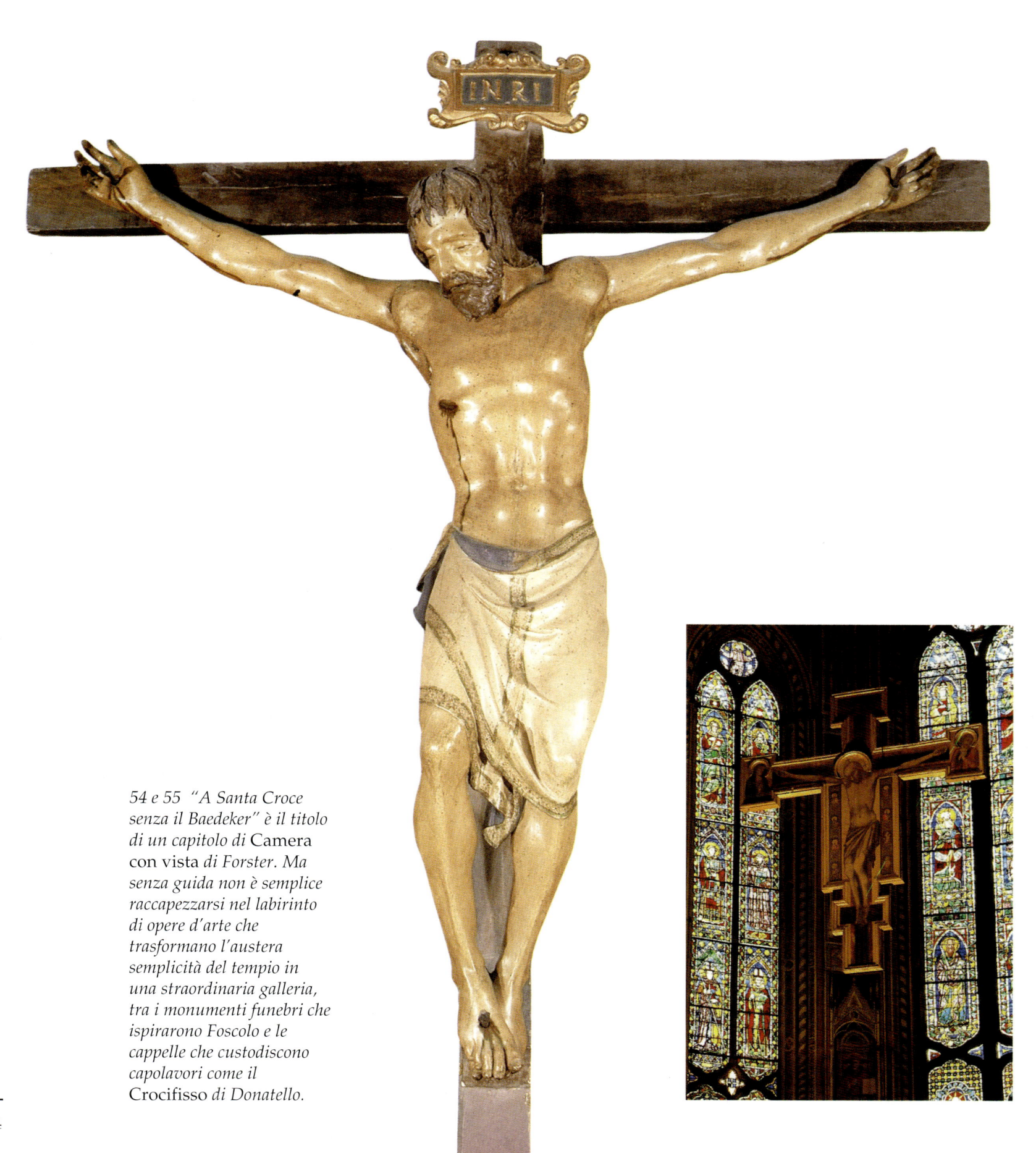

54 e 55 *"A Santa Croce senza il Baedeker"* è il titolo di un capitolo di Camera con vista *di Forster. Ma senza guida non è semplice raccapezzarsi nel labirinto di opere d'arte che trasformano l'austera semplicità del tempio in una straordinaria galleria, tra i monumenti funebri che ispirarono Foscolo e le cappelle che custodiscono capolavori come il* Crocifisso di Donatello.

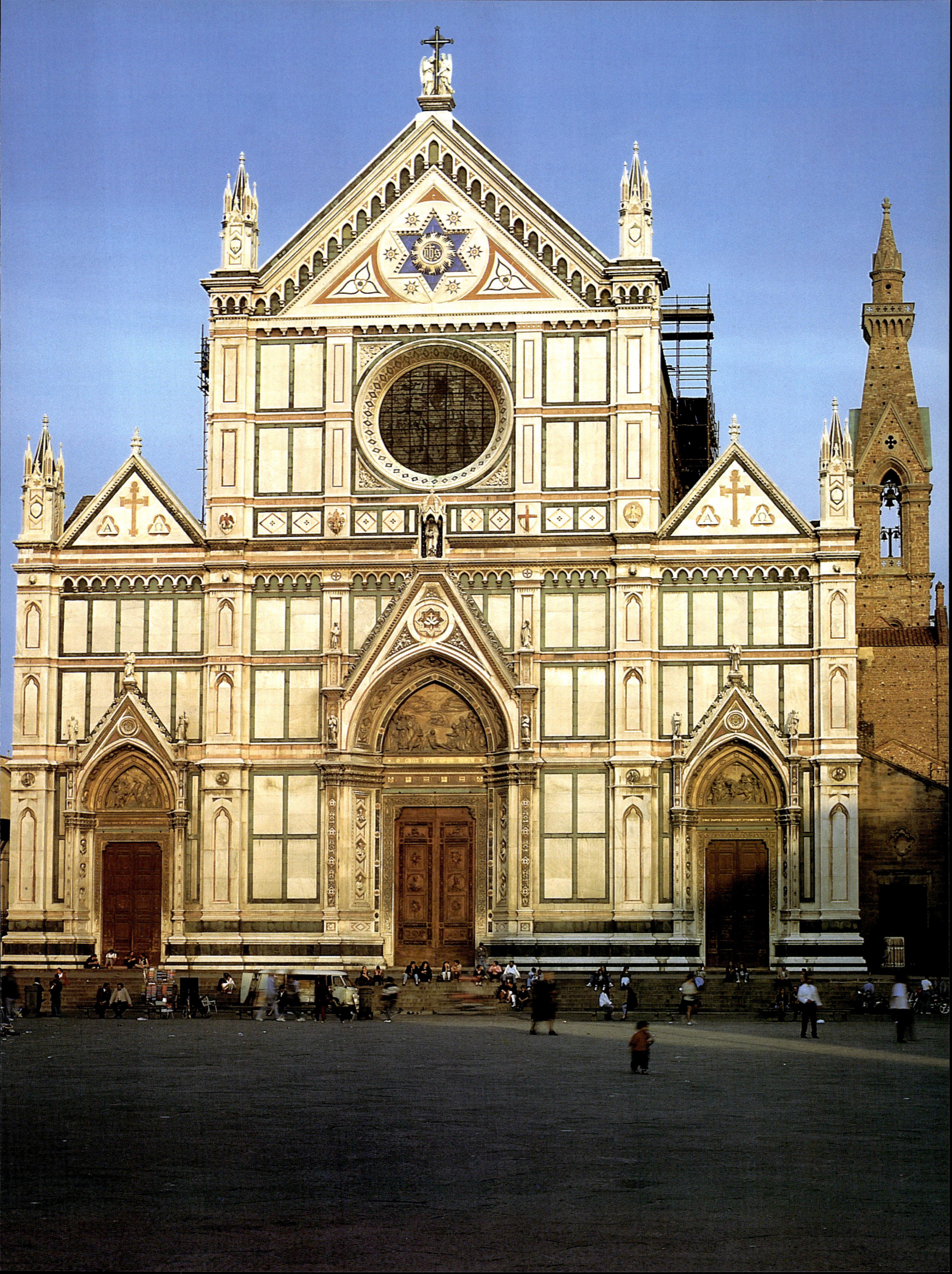

56-57 e 57 A pochi passi dalla stazione ferroviaria, Santa Maria Novella, una delle più famose chiese fiorentine, è uno straordinario saggio di architettura gotica. I lavori per la sua costruzione iniziarono nel 1249 e videro impegnati, in fase di progettazione, architetti dell'ordine domenicano fino al completamento avvenuto nel 1360. La facciata della chiesa costituisce un vero saggio dell'abilità dei maestri decoratori. Lo stesso Leon Battista Alberti collaborò alla sua realizzazione con il progetto, messo a punto tra il 1456 e il 1470, del portale e di tutta la parte che sta al di sopra della bella cornice mediana, comprese le due delicate volute laterali.

57

58 *Fu Cosimo I, nella seconda metà del Cinquecento, a commissionare a Giorgio Vasari il Palazzo degli Uffizi, destinato, come dice il nome, ad accogliere gli uffici giudiziari e amministrativi di Firenze. L'edificio oggi ospita l'Archivio di Stato, ma soprattutto la Galleria, probabilmente uno dei musei più noti e visitati del mondo.*

59 I musei di Firenze ammontano a diverse decine. Il Museo di San Marco (in alto a sinistra) è ospitato nello splendido convento dove il Beato Angelico ha lasciato buona parte delle sue opere. Nelle sale di Palazzo Vecchio (in alto a destra) si rivive l'epoca medicea, mentre la Galleria dell'Accademia (in basso) è visitata soprattutto per i grandi capolavori michelangioleschi che espone, come la drammatica Pietà da Palestrina.

OPVS·GENTILIS·DE·FABRIANO   M·CCCC·XXIII·MENSIS

60-61 *Conservata nella Galleria degli Uffizi, l'*Adorazione dei Magi *di Gentile da Fabriano è una pala lignea originariamente destinata all'altare della cappella Strozzi nella chiesa di Santa Trinita a Firenze. Completata nel 1432, l'opera è caratterizzata dalla luminosità dei dipinti e della cornice e dal realismo delle figure e dei vestiti.*

61 *Il Beato Angelico, esponente del primo Rinascimento italiano, realizzò per il convento di San Marco a Firenze diverse opere, tra le quali questa pala che ritrae la* Deposizione dalla Croce. *L'opera è conservata ancora oggi nelle sale del Museo Nazionale di San Marco.*

62 Come in molte altre opere di Leonardo da Vinci, anche nell'Annunciazione, conservata nella Galleria degli Uffizi, il paesaggio che fa da sfondo all'azione principale ha sempre un riscontro nella realtà, trasformata ed elaborata dall'occhio del genio.

63 Ai tempi di Dante Cimabue, autore della Madonna in Maestà, oggi alla Galleria degli Uffizi, era considerato uomo superbo e arrogante. Ma le sue opere hanno una straordinaria forza espressiva, un ritmo teso che si addolcisce nei volti santi.

63

64 e 65 Per molto tempo Sandro Botticelli è stato considerato un vate del bello, un puro esteta. Ma nella Nascita di Venere *e nella* Primavera, *oggi conservate alla Galleria degli Uffizi a Firenze, si manifesta la sua idea di pittura simbolica, problematica, legata alla cultura neo-platonica. Così la Venere nuda è l'ideale della semplicità e della purezza della natura e della fede, mentre la Primavera si estrania dalla realtà per superarla, entrando nel mondo complesso dell'allegoria.*

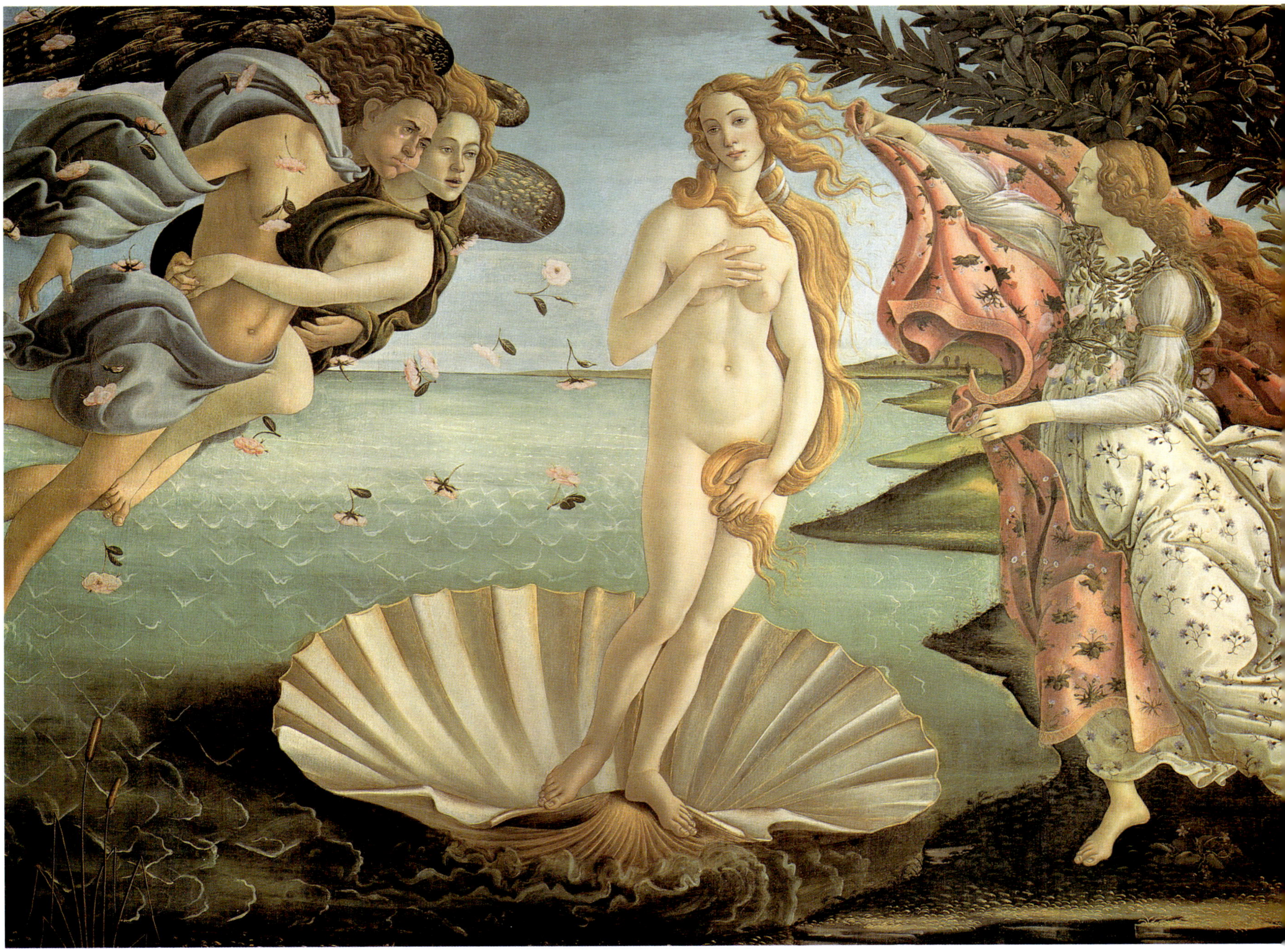

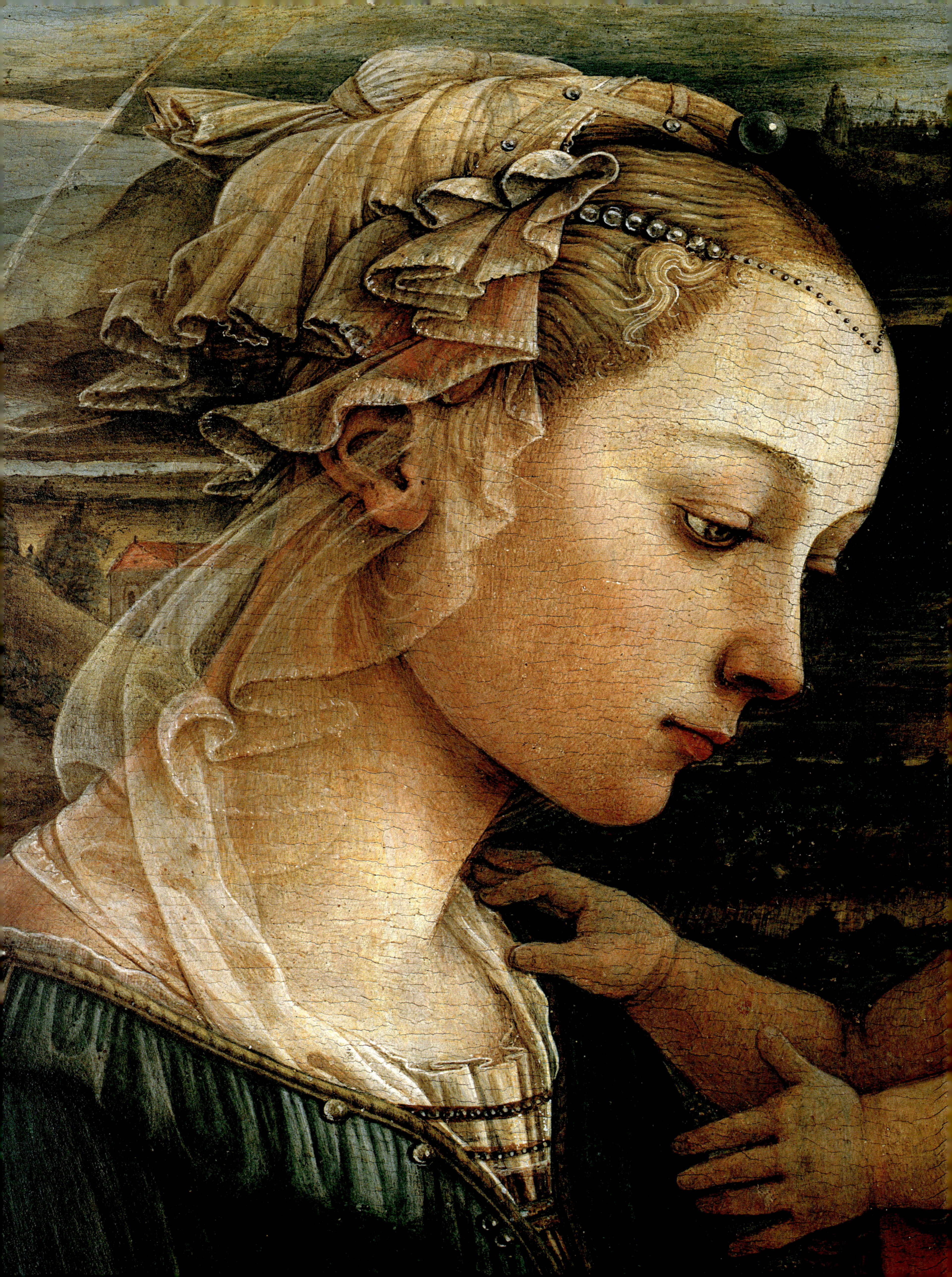

66 *La* Madonna col Bambino e due angeli *di Filippo Lippi, tavola soprannominata "Lippina", risente dell'influenza fiamminga nella realizzazione pittorica del paesaggio. L'opera, capolavoro dell'artista, venne presa a modello da numerosi pittori contemporanei e successivi. Oggi è conservata presso la Galleria degli Uffizi a Firenze.*

67 *Tra i capolavori d'arte conservati presso la Galleria degli Uffizi figura anche la* Madonna del Cardellino *di Raffaello (1506), opera che risente degli influssi leonardeschi. Il titolo del quadro trae origine dall'uccellino con il quale giocano Gesù e San Giovanni, raffigurati come bambini.*

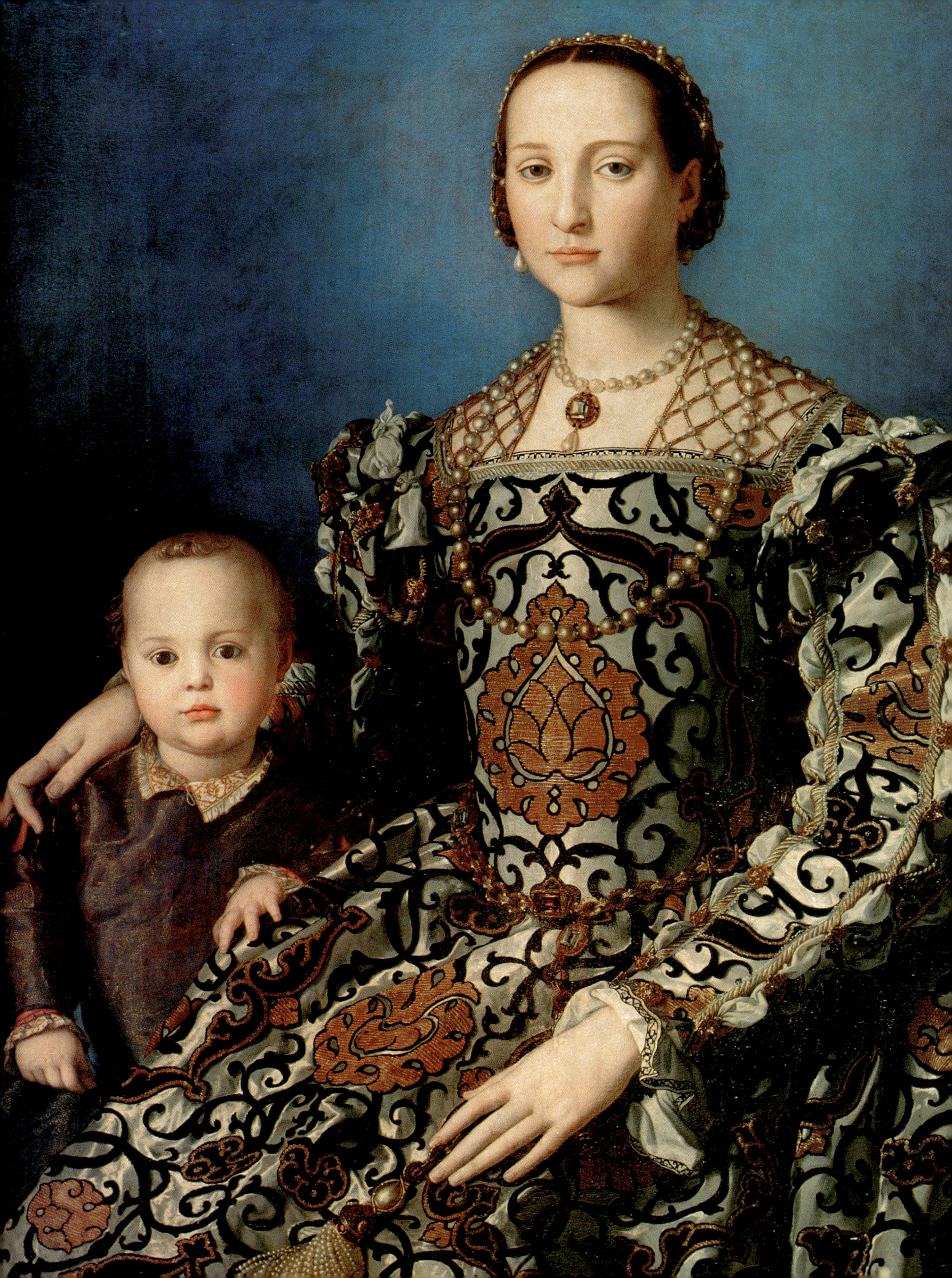

68-69 Agnolo Bronzino fu un grande ritrattista, attivo soprattutto presso la corte medicea. In questa sua opera, conservata presso la Galleria degli Uffizi, sono ritratti la duchessa Eleonora di Toledo, moglie di Cosimo I de' Medici, e il figlio Giovanni. La preziosa veste indossata dalla donna è resa con un'attenzione assoluta al dettaglio.

69 Piero della Francesca realizzò attorno al 1465 un dittico con i ritratti del duca e della duchessa di Urbino, Federico da Montefeltro e Battista Sforza, i cui profili si stagliano su uno sfondo paesaggistico "a volo di uccello" di gusto fiammingo. L'opera è oggi esposta presso la Galleria degli Uffizi.

70 e 71 La Pietà, custodita al Museo dell'Opera del Duomo e il Tondo Doni, conservato agli Uffizi, a Firenze, rappresentano due momenti fondamentali dell'attività di Michelangelo Buonarroti. Il Tondo, opera della giovinezza, tutta giocata sui toni chiari e pastosi, è recentemente tornato all'originale splendore dopo essere stato seriamente danneggiato dall'esplosione che nel 1993 ha devastato parte della Galleria. La Pietà, eseguita negli anni della maturità, mostra un accentuarsi del distacco dello scultore dai modelli formali dell'arte antica verso un'ispirazione ancora più personale e sofferta.

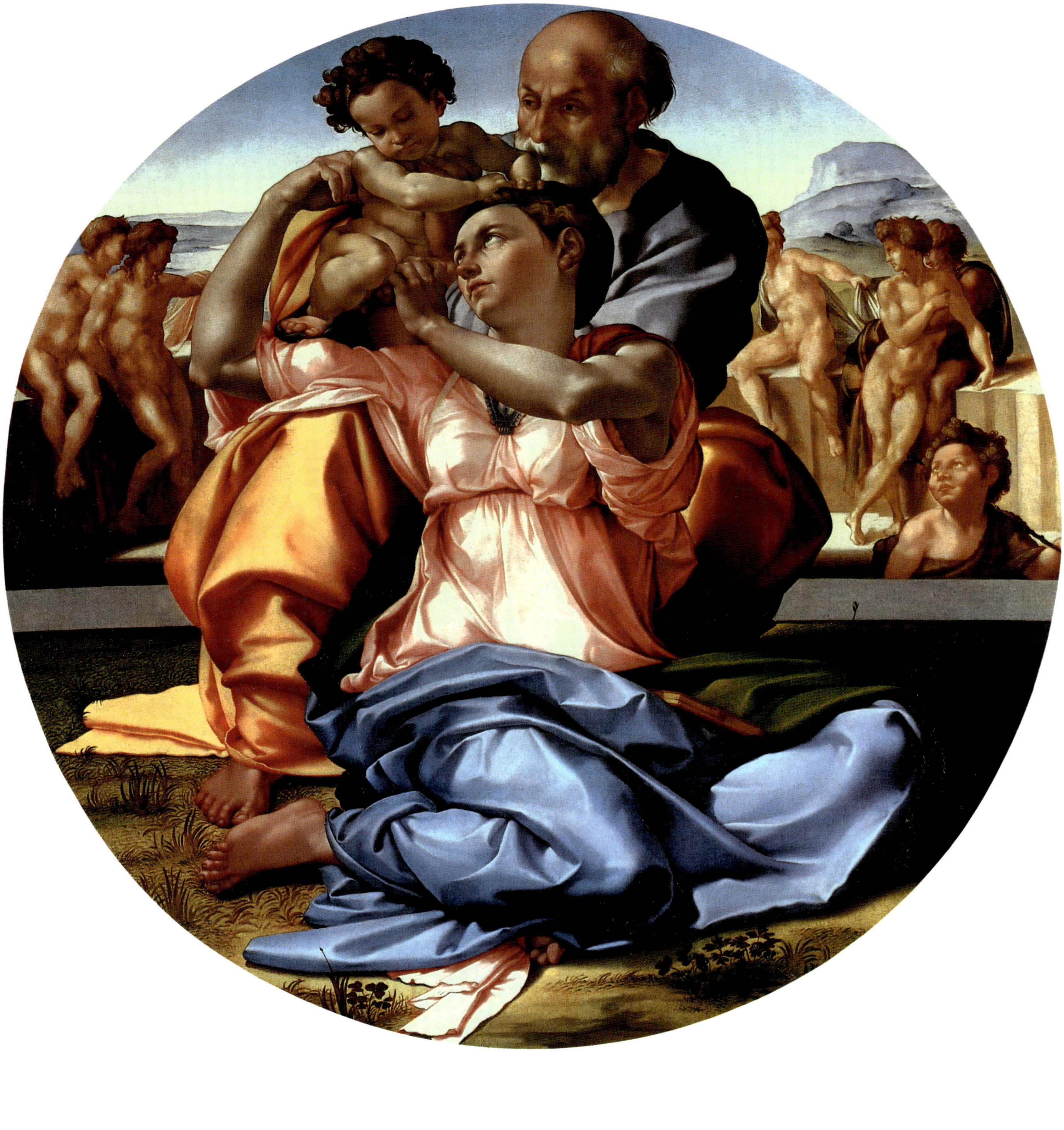

72

72 a sinistra e 73 Il David di Donatello, statua bronzea conservata presso il Museo Nazionale del Bargello a Firenze, si ispira a modelli ellenistici come dimostra la postura del giovane nudo di derivazione prassitelea.

72 a destra Il David in bronzo di Andrea del Verrocchio, sempre conservato al Museo Nazionale del Bargello, ripropone il tema dell'eroe biblico scelto da Donatello, ma mostra una diversa scelta stilistica nella resa del corpo e dell'espressione del volto.

74 Il Museo degli Argenti di Palazzo Pitti a Firenze ospita una ricca collezione di gioielli e oggetti preziosi appartenuti alla famiglia de' Medici. Questa fiasca, realizzata probabilmente in Nord Europa, è composta da due conchiglie unite tra loro con inserti di perle, rubini e turchesi e strutture in metallo a forma di dragoni.

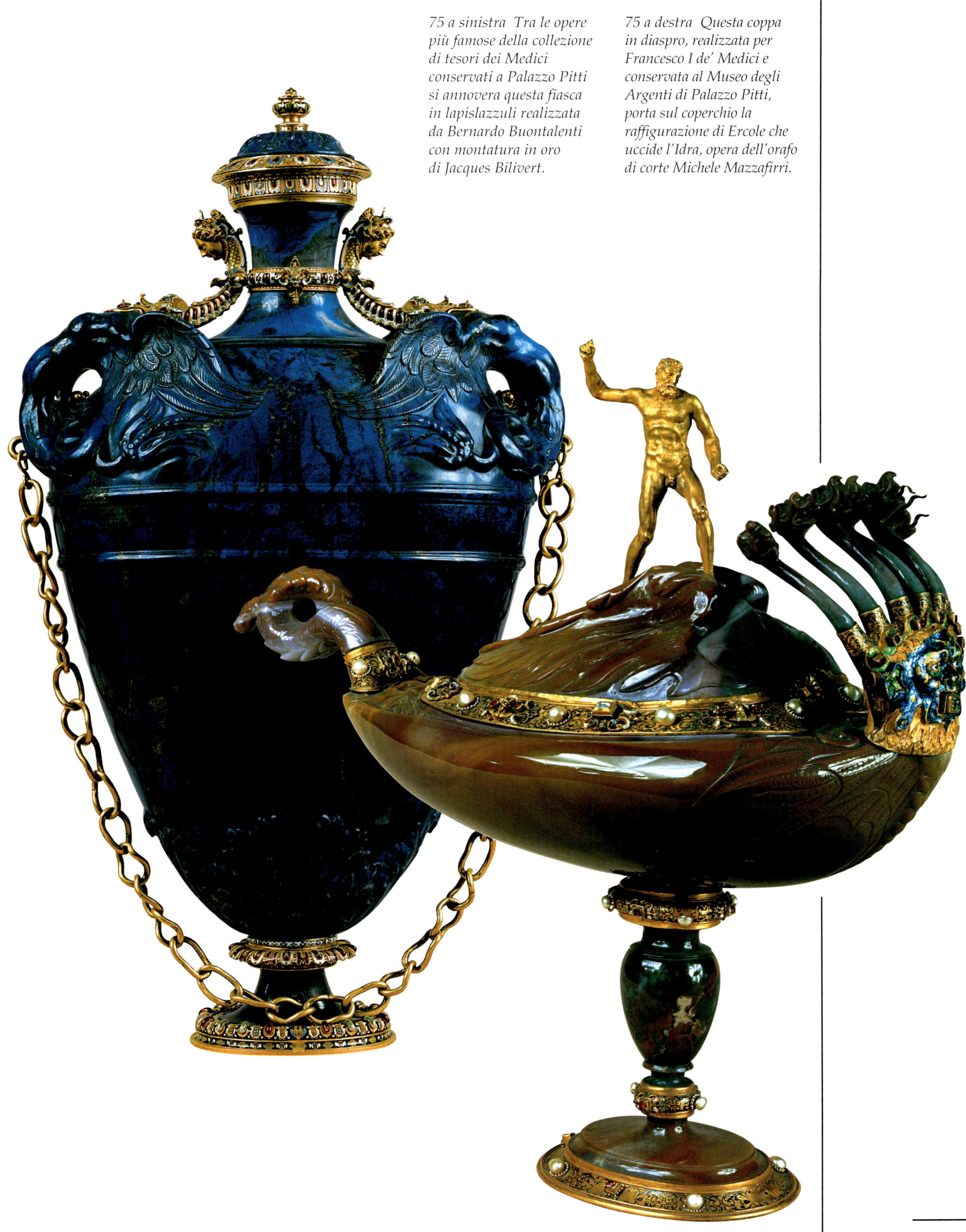

75 a sinistra Tra le opere più famose della collezione di tesori dei Medici conservati a Palazzo Pitti si annovera questa fiasca in lapislazzuli realizzata da Bernardo Buontalenti con montatura in oro di Jacques Bilivert.

75 a destra Questa coppa in diaspro, realizzata per Francesco I de' Medici e conservata al Museo degli Argenti di Palazzo Pitti, porta sul coperchio la raffigurazione di Ercole che uccide l'Idra, opera dell'orafo di corte Michele Mazzafirri.

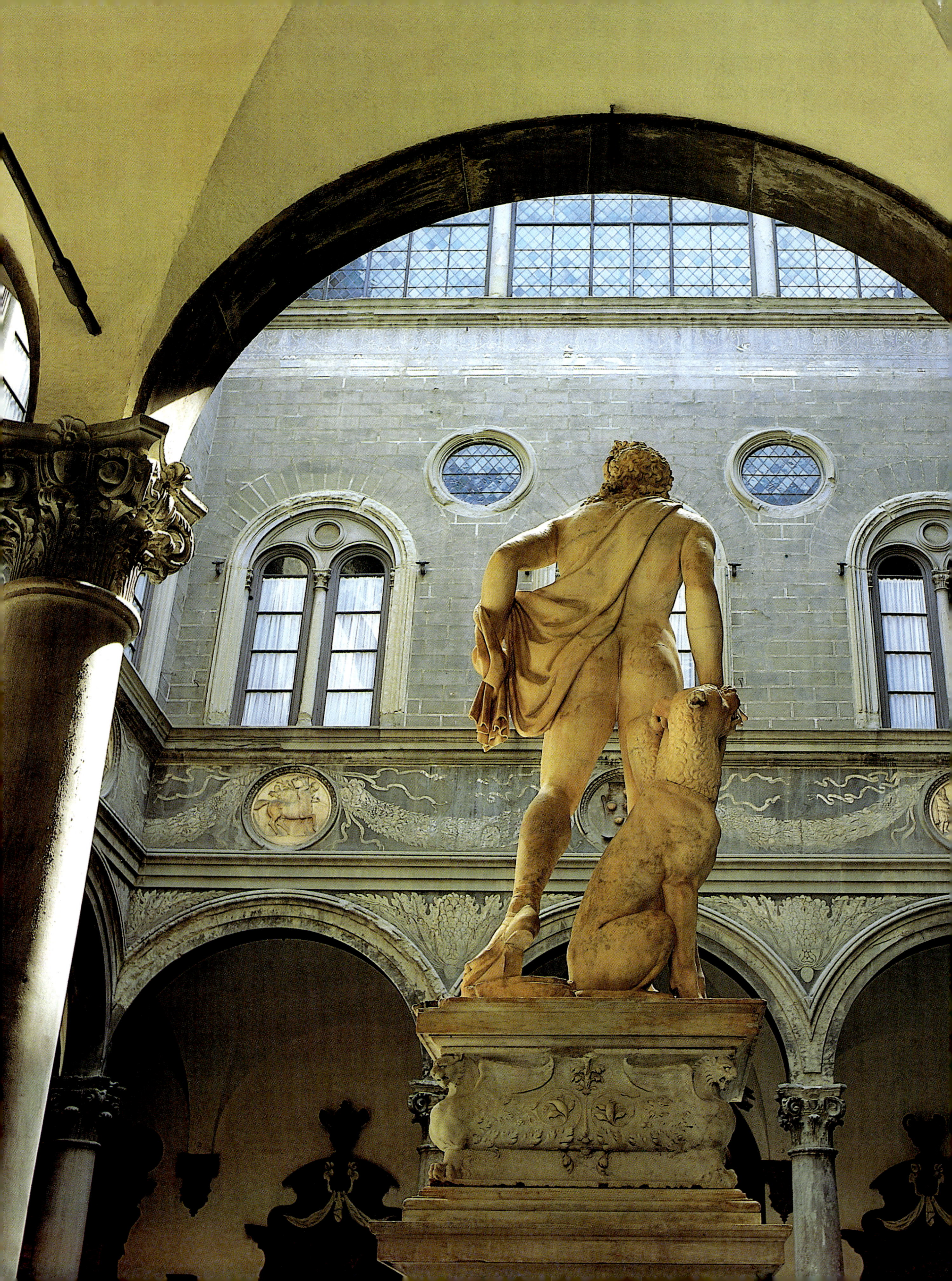

76-77 Palazzo Medici Ricciardi a Firenze, eretto da Michelozzo a metà del Quattrocento, fu la "casa" di Cosimo il Vecchio, di Lorenzo il Magnifico, di Carlo VII di Francia e di Carlo V di Spagna. Maestoso, elegante, è il prototipo rinascimentale della dimora signorile.

77 La Cappella de' Pazzi, costruita in uno dei chiostri di Santa Croce a Firenze, fu una delle ultime fatiche di Filippo Brunelleschi: l'artista dimostra di aver ormai superato ogni possibile incertezza e la perfezione formale è rigorosa, severa, scandita dai contrasti cromatici.

78 Piazza Santissima Annunziata, la più armoniosa di Firenze, ospita due eleganti fontane barocche realizzate da Pietro Tacca nel 1629; nell'immagine è visibile un particolare.

79 A Firenze nessuno chiama con il suo nome la Fontana di Nettuno, di Bartolomeo Ammannati: da sempre infatti è per tutti il Biancone. Essa non ha mai suscitato grandi entusiasmi tra i cittadini che, con la tipica salacia, coniarono una irriverente strofetta: "O Ammannato, o Ammannato, che bel marmo hai rovinato".

80-81 L'immagine più nota della scultura fiorentina è quella del David, in Piazza della Signoria. Michelangelo l'ha immaginato come un giovane bellissimo, teso e concentrato nel momento più importante della sua storia.

82-83 Ponte Vecchio non ha avuto vita facile: da principio era una costruzione in legno, che venne distrutta da un'alluvione nel 1333. A metà secolo Neri di Fioravante eresse il ponte in pietra, che venne danneggiato prima dai tedeschi in ritirata alla fine della Seconda guerra mondiale, in seguito dalla tragica piena dell'Arno nel 1966. Oggi è uno dei simboli più amati di Firenze, attraversato doverosamente dai turisti a caccia d'affari nelle mille botteghe di orafi.

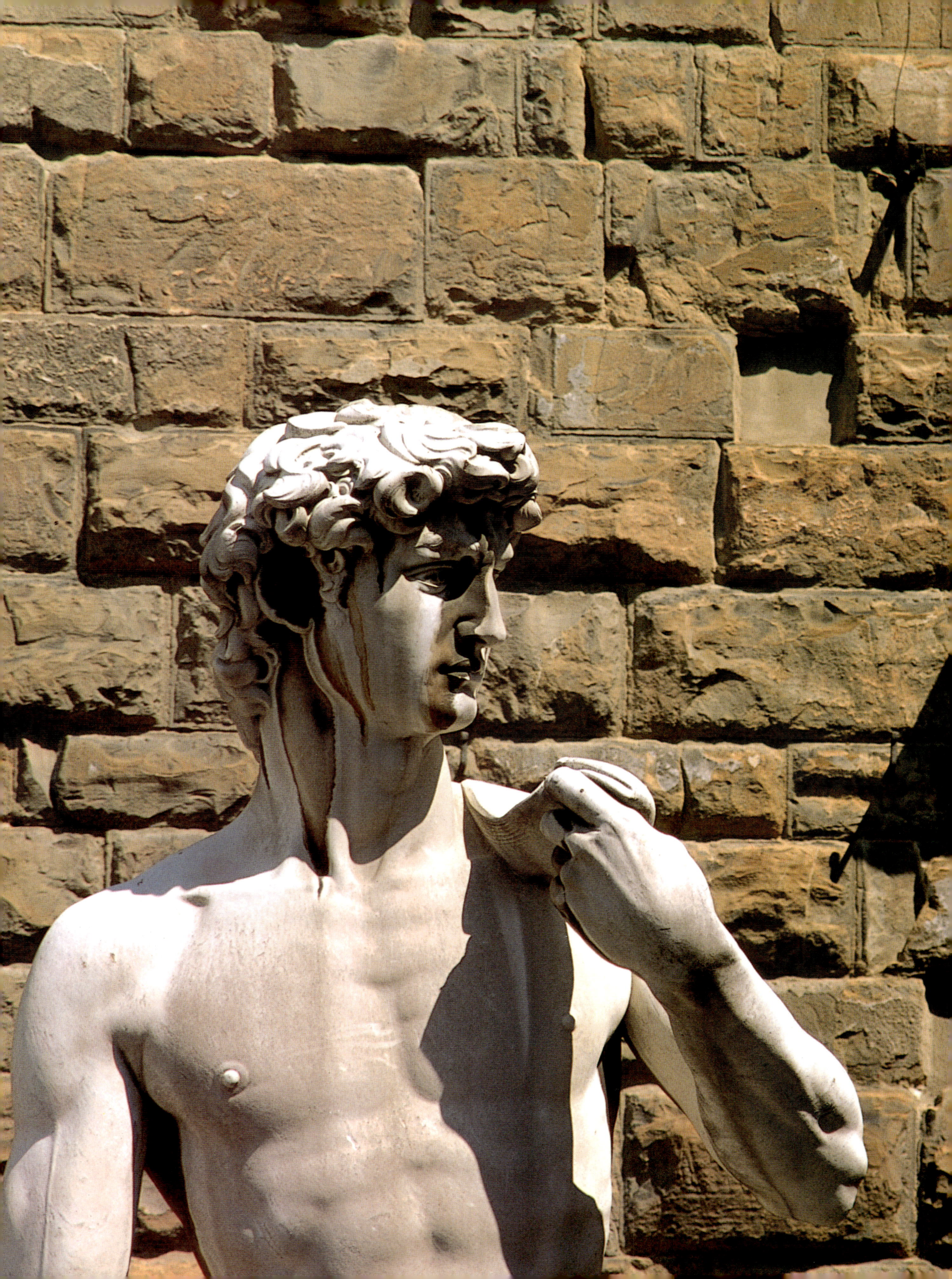

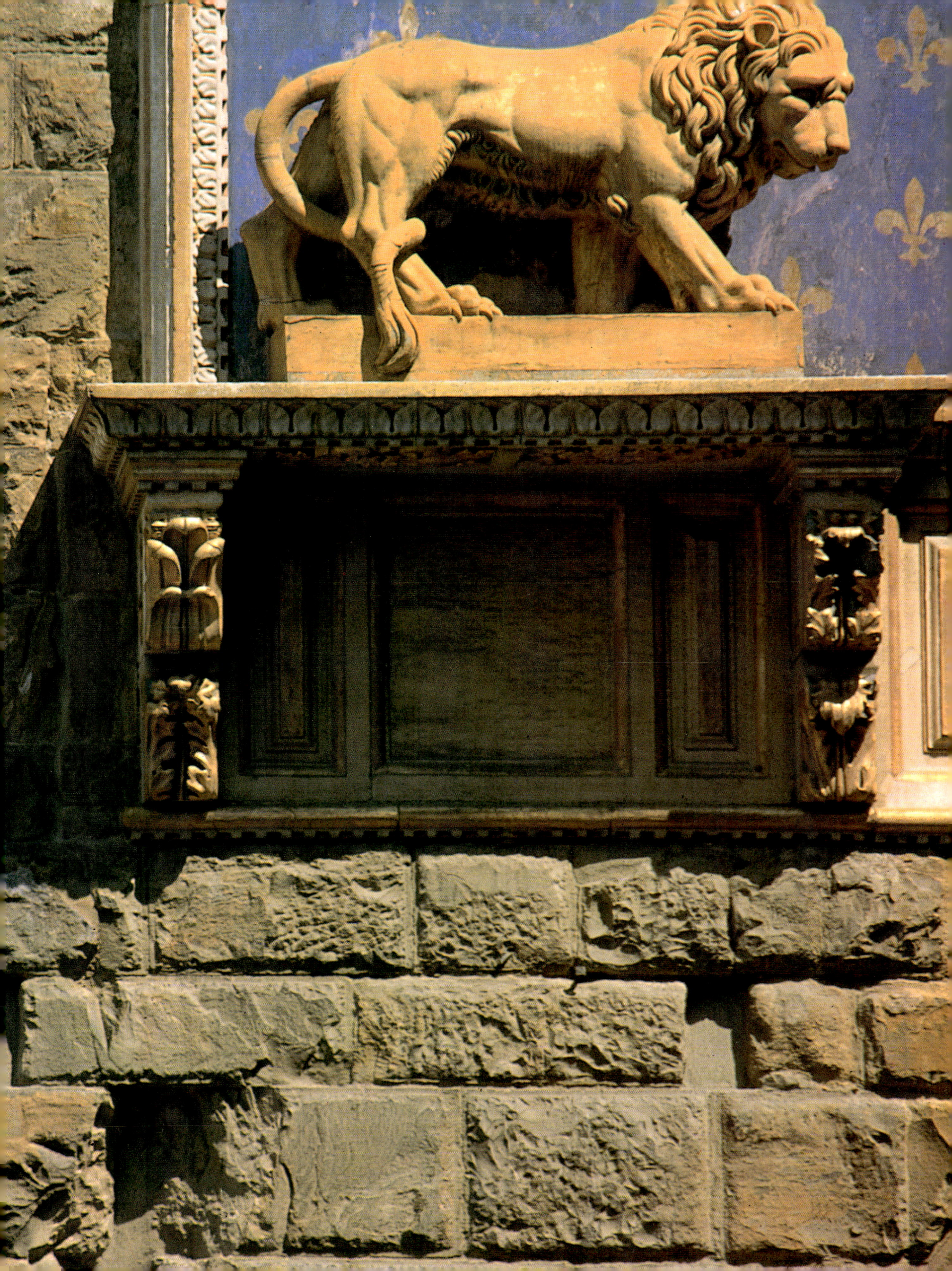

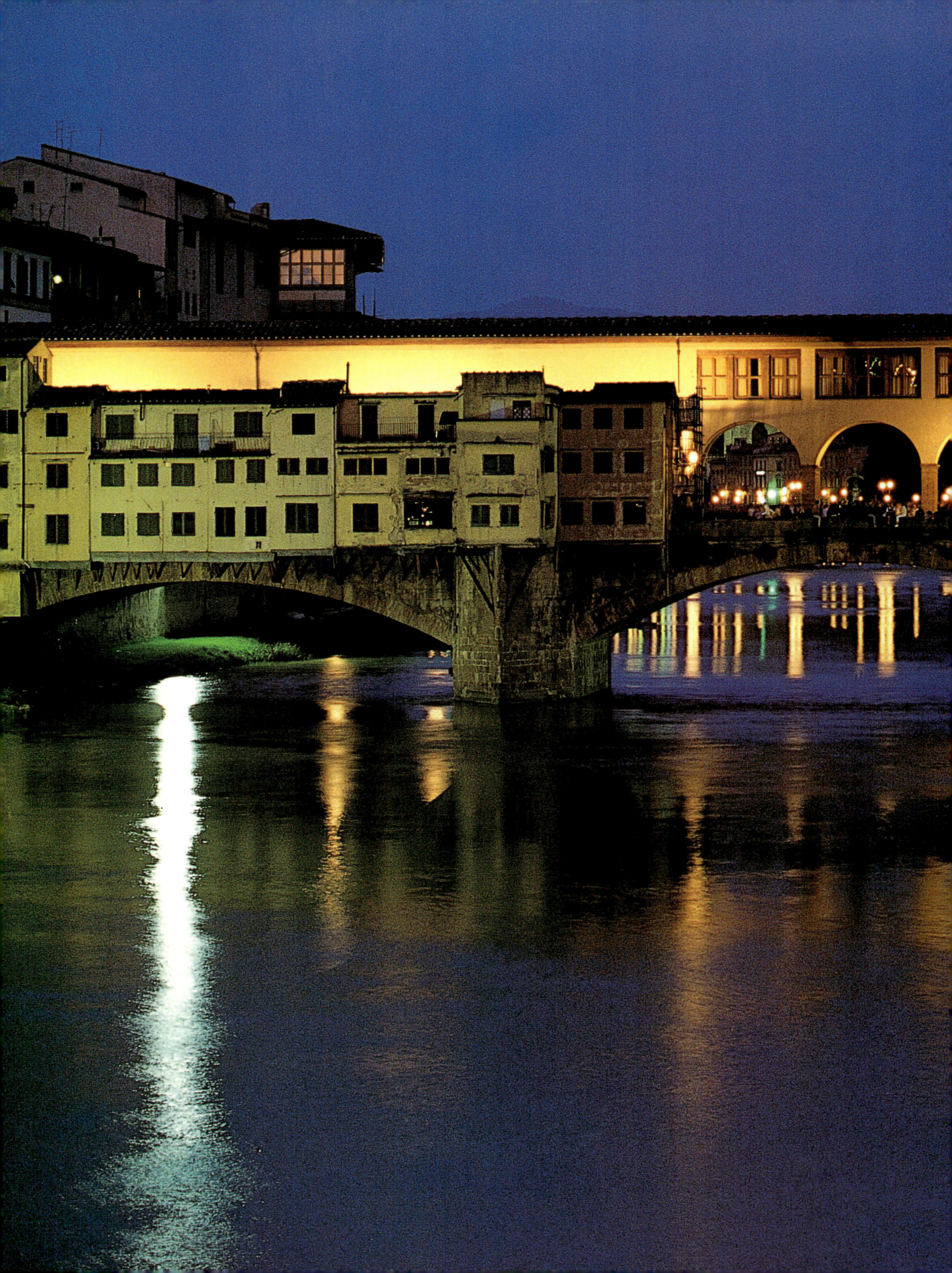

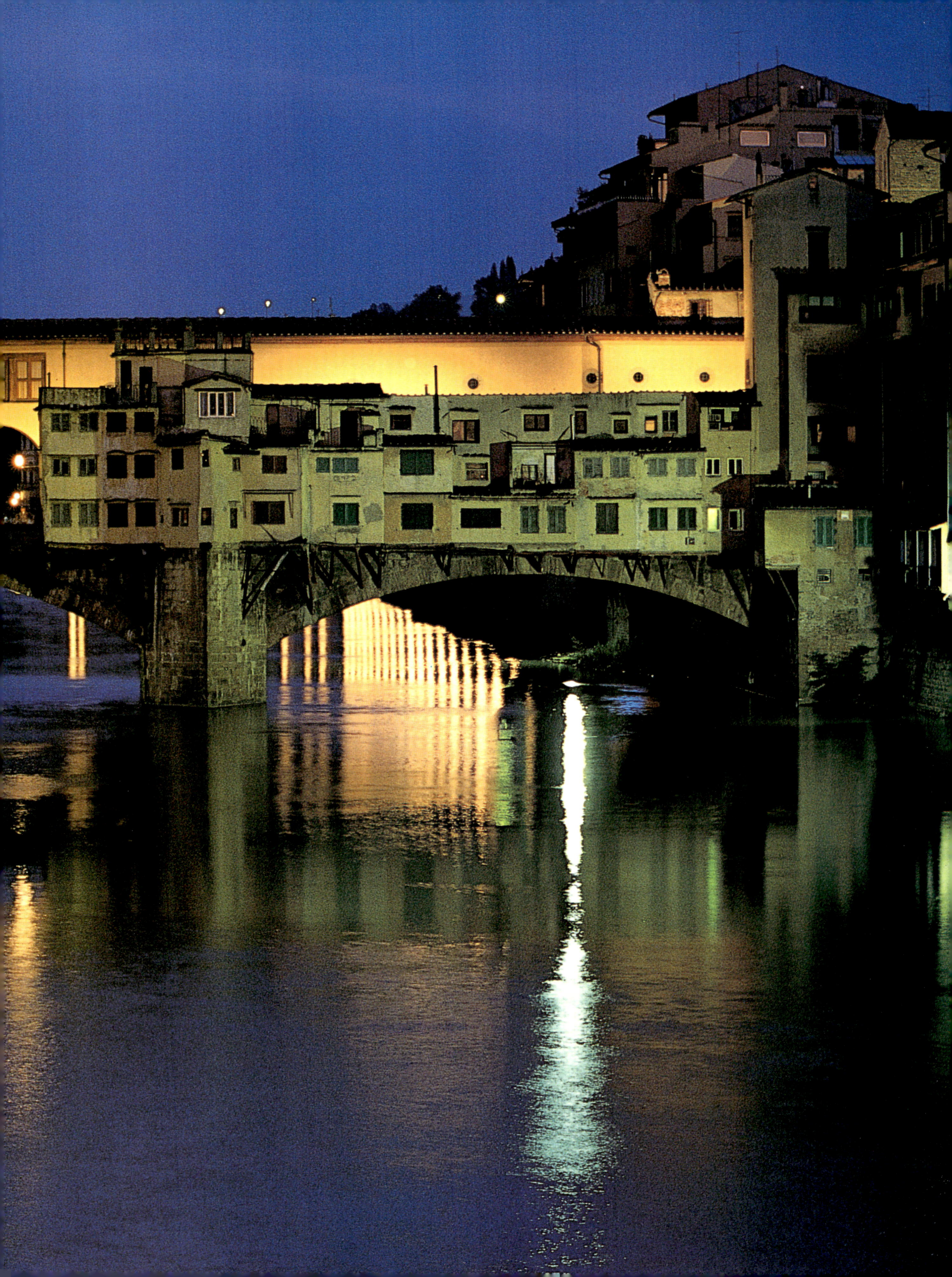

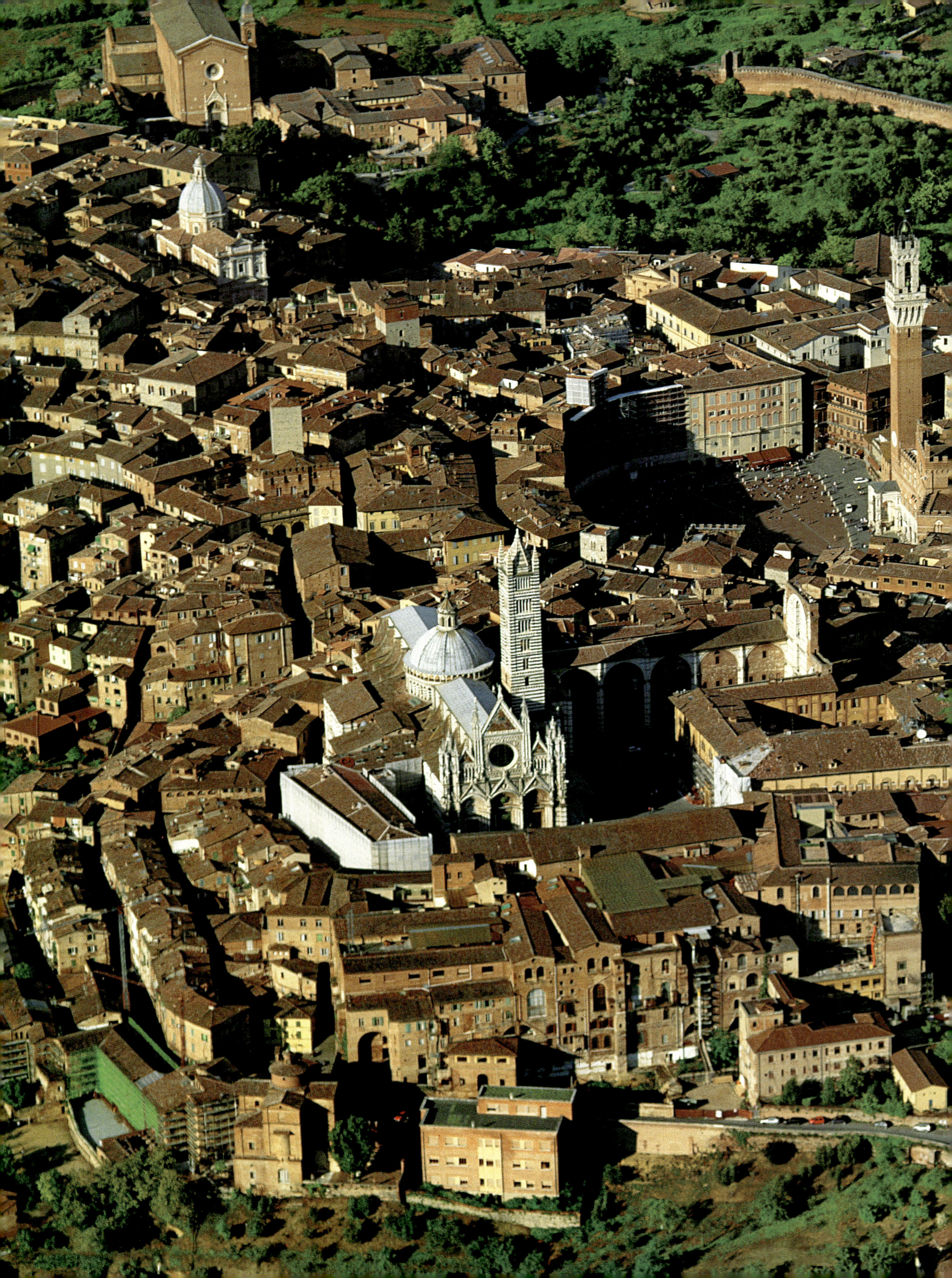

SIENA, GLI EFFETTI DEL BUON GOVERNO

84-85 Siena, città dalle profonde radici medievali, è un vero e proprio scrigno di tesori artistici e architettonici. In questa veduta si riconoscono il Duomo con il campanile romanico (in primo piano), *Piazza del Campo sulla quale si affaccia il Palazzo Pubblico con la Torre del Mangia (al centro) e (sullo sfondo) la Chiesa di Santa Maria di Provenzano e la Basilica di San Francesco.*

85 Dall'alto si fa più evidente l'incredibile uniformità urbanistica che caratterizza Siena. Il rosso si ritrova nei mattoni degli antichi palazzi merlati e turriti e nei tetti delle case. Nobiltà e plebe godono da sempre della stessa bellezza, degli stessi materiali, della stessa unità di pensiero e di intenti: mantenere la città uno dei più celebrati luoghi dello spirito.

86 e 86-87 Piazza del Campo ospita due volte l'anno il celebre Palio delle contrade cittadine. La sua forma, che ricorda quella di una conchiglia, rende la piazza una delle più apprezzate e famose al mondo, ulteriormente impreziosita dalla inconfondibile e slanciata sagoma della Torre del Mangia, entrambe simbolo di Siena.

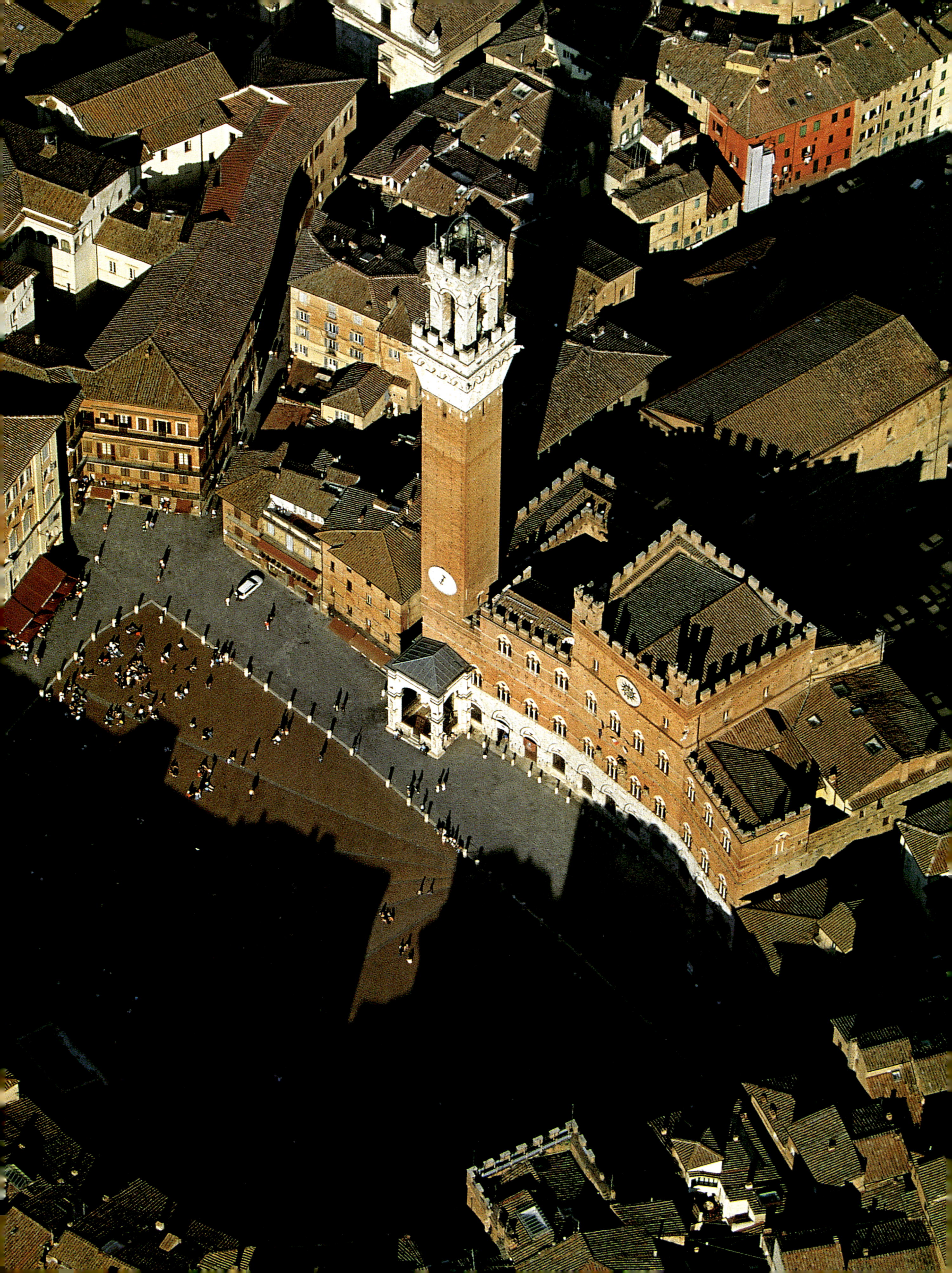

89 Le vicende che riguardano l'edificazione del Duomo di Siena sono lunghe e complesse e culminano nel progetto, mai portato a termine, di un grandioso ampliamento che avrebbe fatto della fabbrica esistente il transetto della nuova cattedrale. L'opera, così come appare oggi, è una sintesi di diversi interventi, tra i quali quello di Giovanni Pisano, autore, in parte, delle statue che ornano la facciata.

88 a sinistra in alto Su una colonna in Piazza del Duomo svetta la lupa senese con i due gemelli, che ricorda le origini romane della città.

88 a sinistra in basso La maggior parte delle statue eseguite da Giovanni Pisano per la facciata del Duomo di Siena si trova oggi nel Museo dell'Opera Metropolitana, per contrastare il deterioramento del tempo. Restano tuttavia intatti il lirismo e la vivacità dell'artista, misti a un'intensa e drammatica religiosità.

88 a destra Il campanile del Duomo di Siena, costruito nel 1313 su un progetto di Agostino di Giovanni e Agnolo di Ventura, ha una decorazione a marmi policromi che richiama il colorismo del tempo.

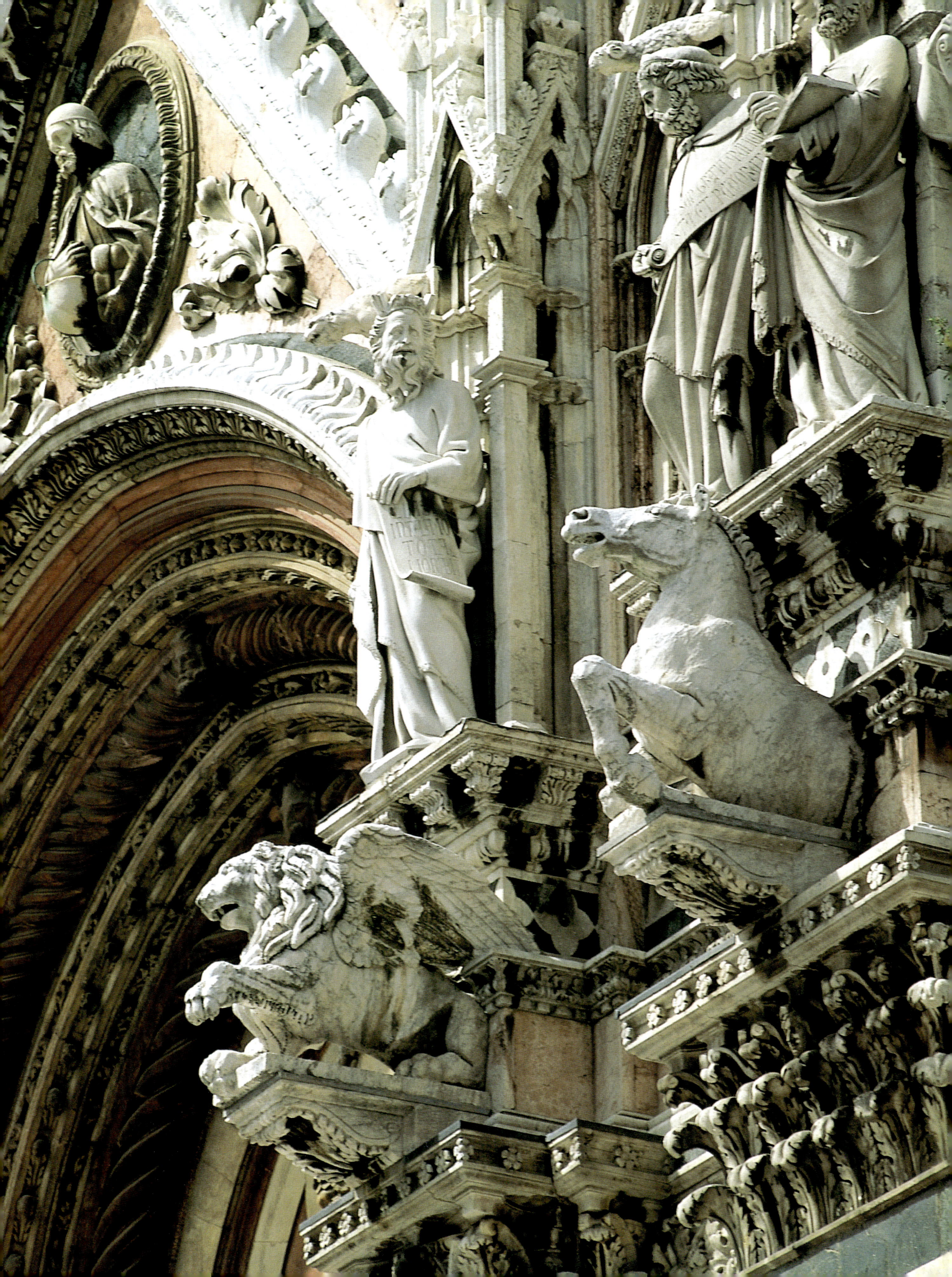

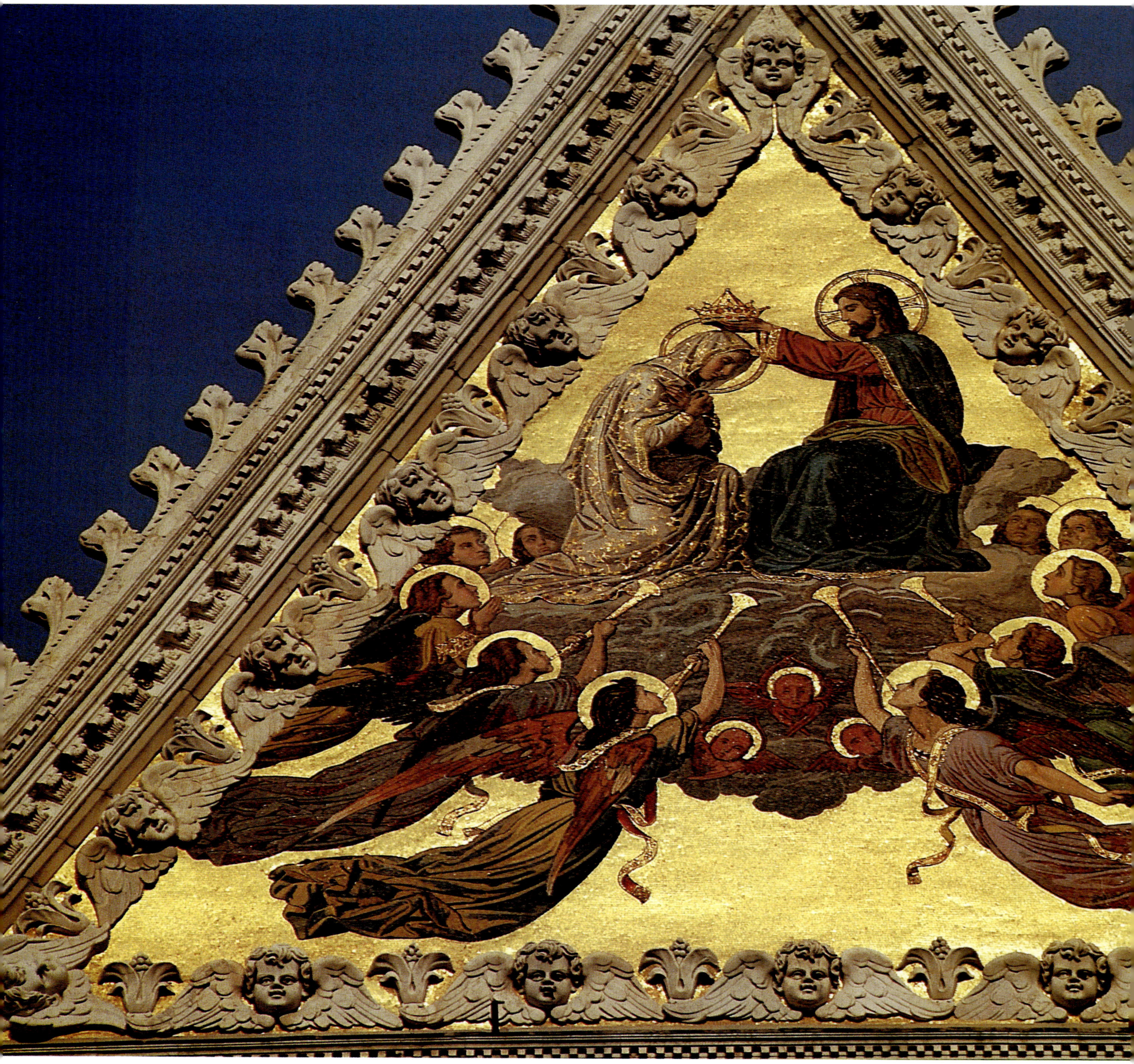

90-91 I mosaici della facciata del Duomo di Siena, eseguiti dal veneziano Castellani nella seconda metà dell'Ottocento, ricordano quelli del Duomo di Orvieto e rappresentano episodi della vita della Vergine, che culminano con l'Incoronazione.

91 La ricca facciata del Duomo di Siena, mossa e aerea nonostante la pesantezza del rosone centrale, venne iniziata da Giovanni Pisano alla fine del XIII secolo e completata da Giovanni di Cecco dopo il 1376, ispirandosi a quella del Duomo di Orvieto.

92 a sinistra Il cielo stellato, gli angeli dorati, affreschi, stucchi, marmi policromi: tutta la ricchezza decorativa si concentra nello strabiliante soffitto del tempio senese.

92 a destra in alto La suggestiva immagine dell'interno del Duomo di Siena ne sottolinea, ancora una volta, la grandiosa imponenza, esaltata dalla tenue luce naturale che si sofferma, sapiente, sui preziosi mosaici.

92 a destra in basso Il pulpito del Duomo di Siena fu scolpito da Nicola Pisano e dai suoi collaboratori tra il 1266 e il 1268. La struttura narrativa è caratterizzata da dinamismo e drammaticità di stampo gotico. Statuaria e architettura si fondono in un insieme di grande espressività.

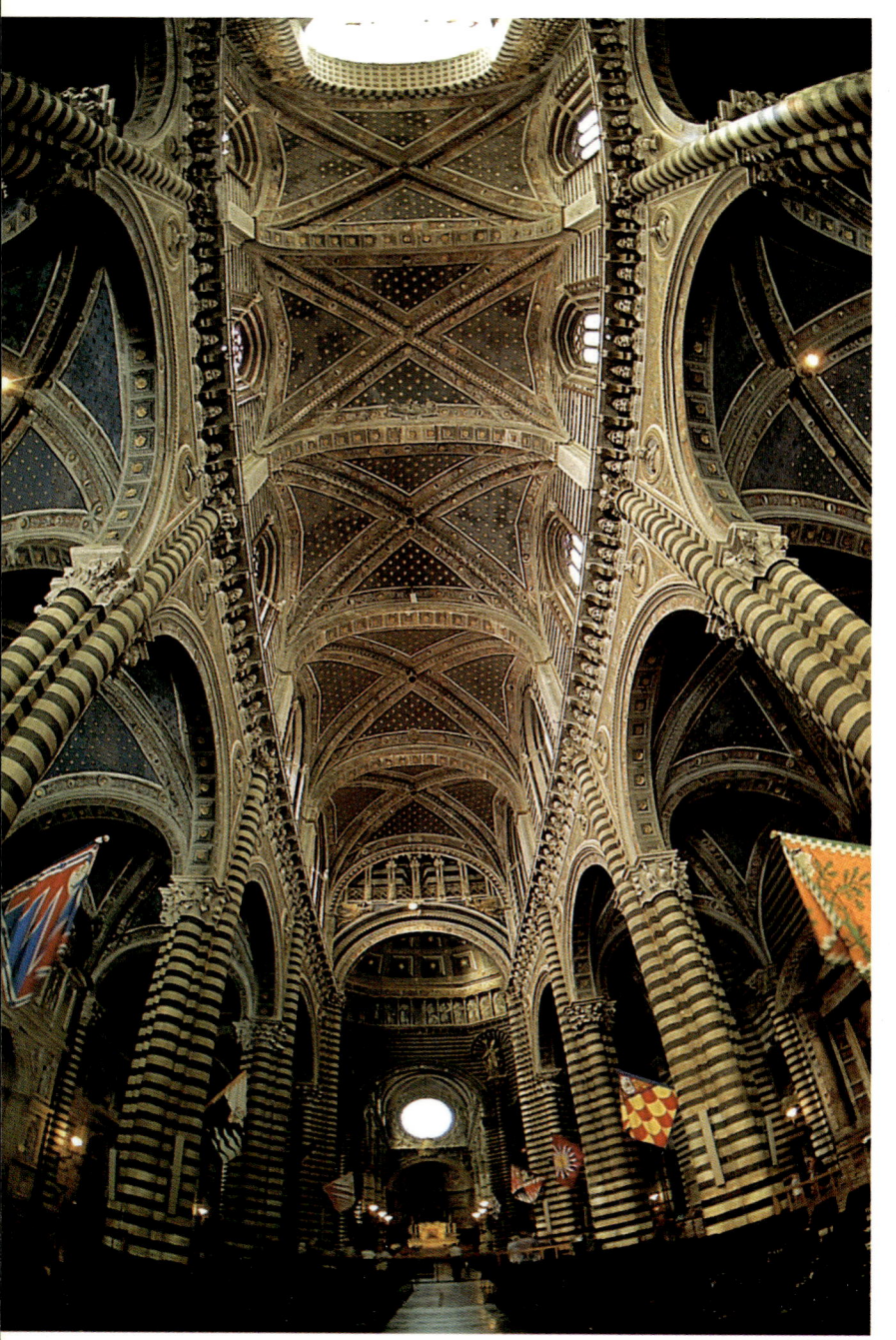

93 L'interno del Duomo di Siena, con la selva di pilastri che forma fantastiche prospettive, a prima vista lascia confusi e smarriti. Le fasce di marmo bianco e nero, gli ori, le decorazioni e i dipinti, gli intarsi del pavimento finiscono con lo stravolgere la struttura, accompagnando il visitatore in un viaggio concentrato nell'arte medievale.

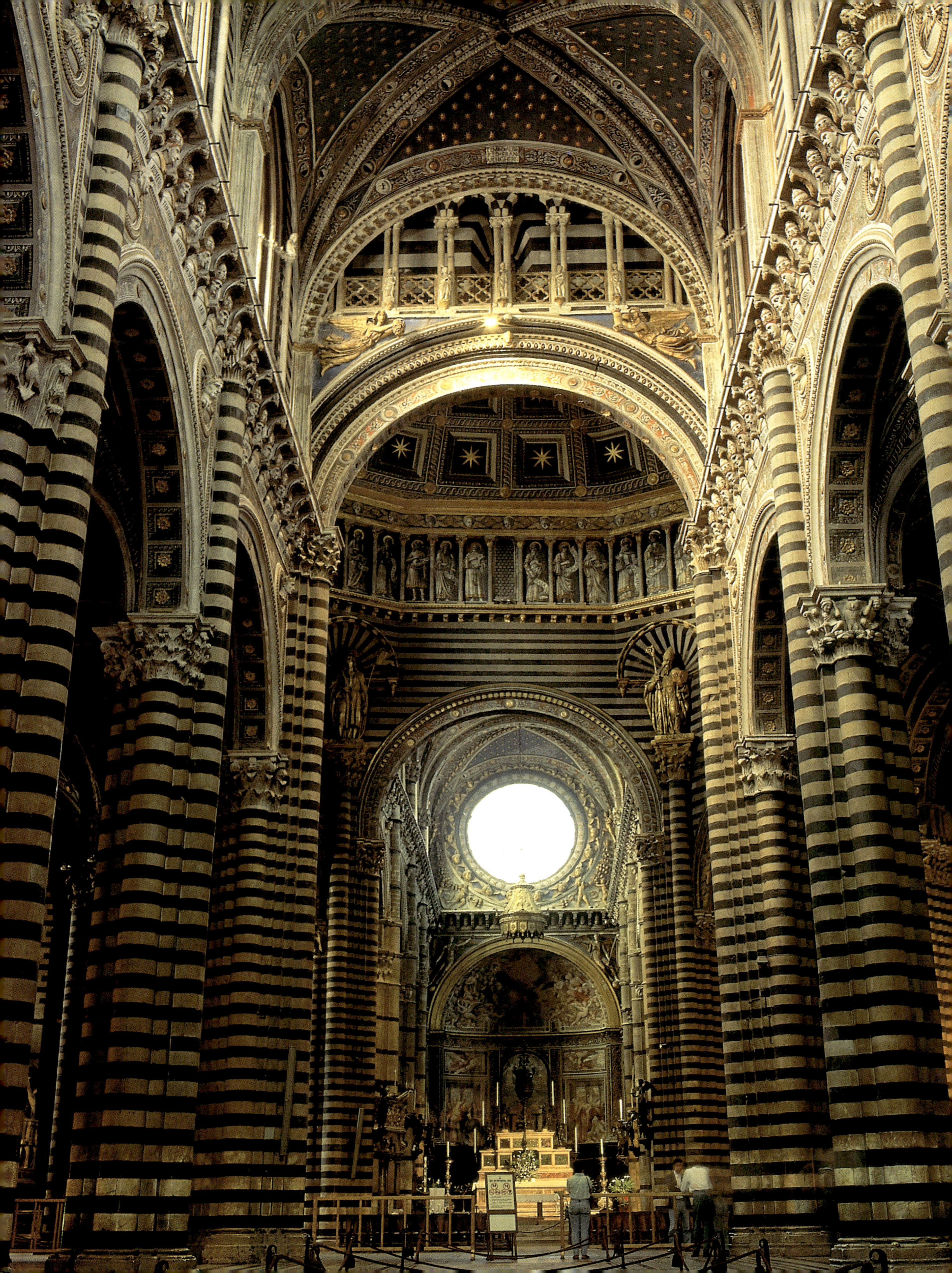

94 *Nella sua* **Maestà**, *nel Palazzo Pubblico di Siena, Simone Martini riprende il tema e la composizione già affrontati da Duccio di Buoninsegna, aggiungendo alla perfezione ieratica del maestro un tocco di umanità, una luce più mobile e rarefatta.*

94-95 *Duccio di Buoninsegna dipinse la monumentale* Maestà *(ora al Museo dell'Opera del Duomo) per l'altare maggiore del Duomo di Siena. La composizione rappresenta la più grandiosa opera su tavola del Medioevo: la sacralità corale, la freschezza, la religiosità hanno costituito un modello fondamentale per gli artisti dell'epoca.*

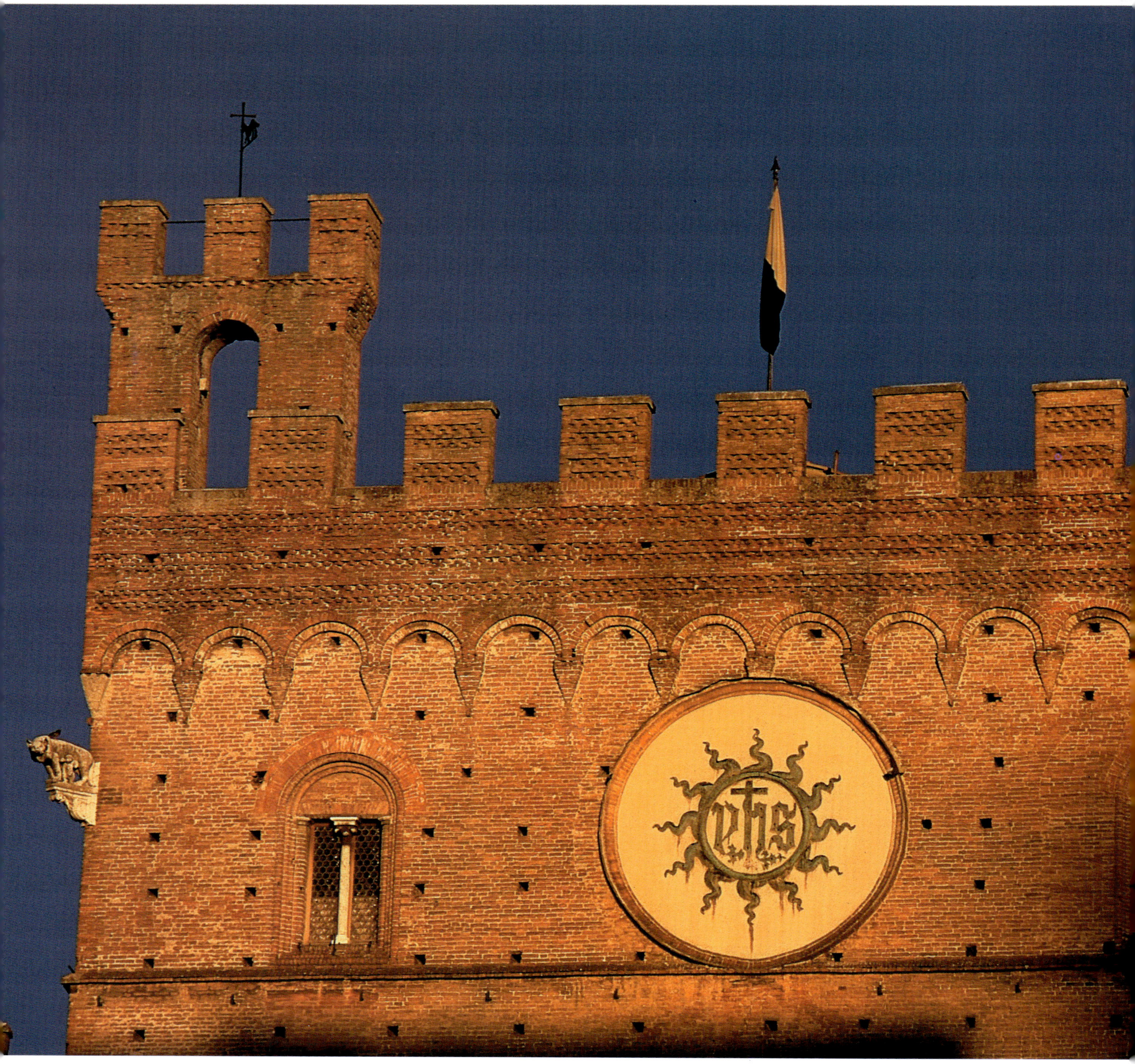

96-97 A proposito del Palazzo Pubblico di Siena fu detto che riassume l'architettura di tutti i palazzi del Trecento della città, che, in modi diversi, si rifanno al suo modello. Per noi, è il perfetto, scenografico fondale della piazza più bella del mondo, il Campo.

97 Altissima e snella, la Torre del Mangia venne aggiunta al corpo del Palazzo Pubblico nel 1338; la sua costruzione fu affidata ai fratelli perugini Minuccio e Francesco di Rinaldo. La cella campanaria che la corona è opera di Lippo Memmi.

Lucca, nel ricordo di Ilaria del Carretto

98 Il mosaico sulla facciata della chiesa di San Frediano a Lucca viene per tradizione attribuito alla scuola del Berlinghieri. Raffigura l'Ascensione di Cristo e si apre come la pagina miniata di un prezioso messale medievale.

99 La chiesa di San Michele in Foro a Lucca sorge nel luogo un tempo occupato dal foro romano. La ricchezza della facciata è un esempio altissimo di Romanico pisano-lucchese: una perfetta quinta duecentesca.

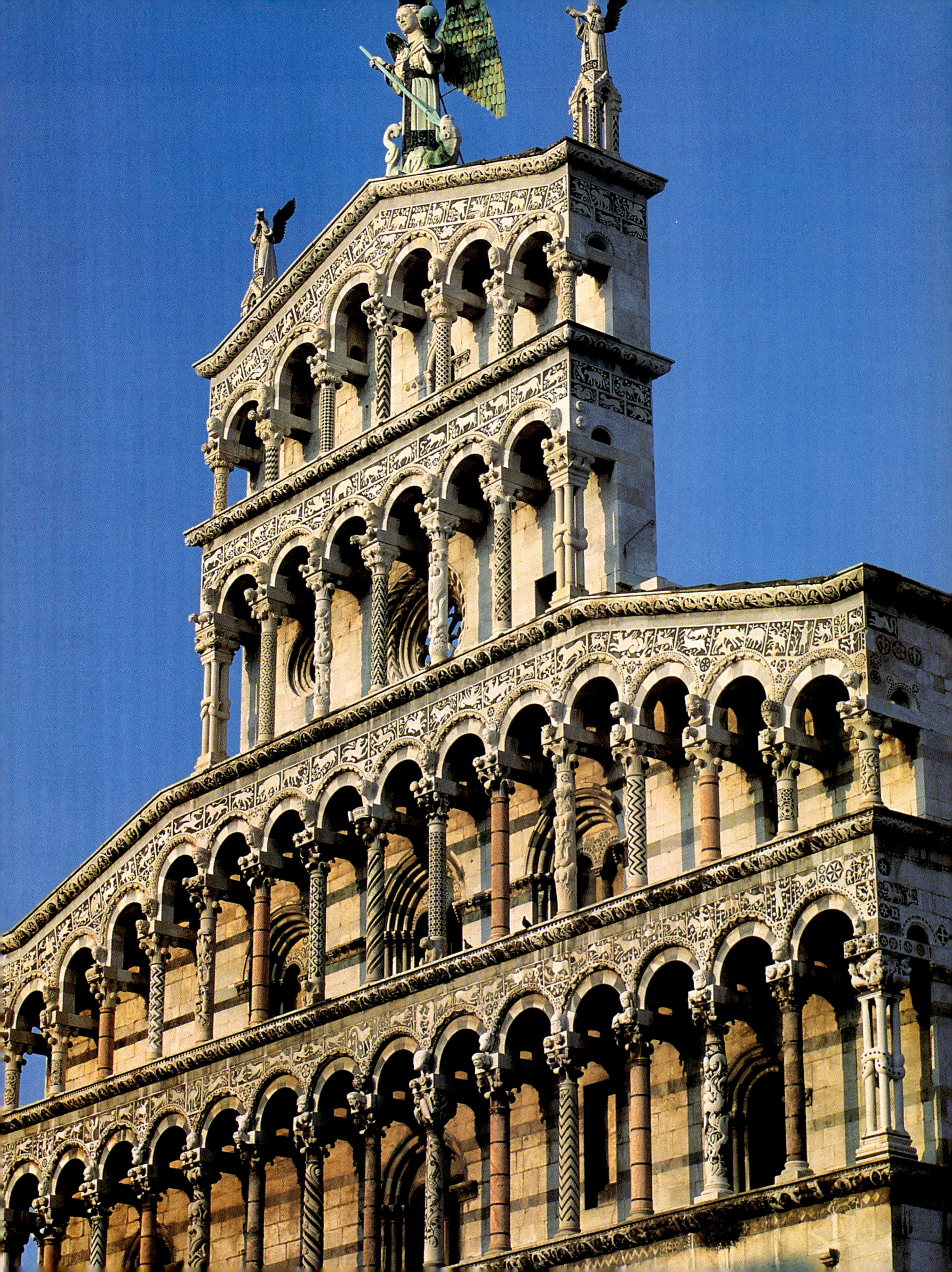

100 in alto La tomba di Ilaria del Carretto, opera di Jacopo della Quercia, è ospitata nel Duomo di Lucca. La giovane moglie di Paolo Guinigi è ritratta in tutta la sua bellezza, circondata da putti e con il cagnolino preferito ai piedi. L'affetto e il rimpianto sembrano perpetuarsi nei secoli: ancora oggi questo è uno dei monumenti più amati e visitati.

100 in basso La singolarità del Duomo di Lucca è data soprattutto dalla varietà di soluzioni stilistiche, architettoniche e decorative utilizzate: le tarsie marmoree, le colonne lisce o tortili, l'asimmetria determinata dalla costruzione successiva del campanile ne fanno un'opera affascinante e originale.

100-101 Il Duomo di Lucca, dedicato a San Martino, ha una storia lunga e gloriosa che risale ai tempi di San Frediano, nel VI secolo. In seguito venne rifatto da Anselmo di Baggio, ma assunse le sue forme definitive nel XIII secolo.

102-103 Piazza Anfiteatro, nota anche come Piazza del Mercato, a Lucca, ricalca nella pianta il perimetro dell'antico anfiteatro romano che un tempo sorgeva in questa posizione. Lo spazio pubblico ospita alcuni mercatini in occasione delle festività.

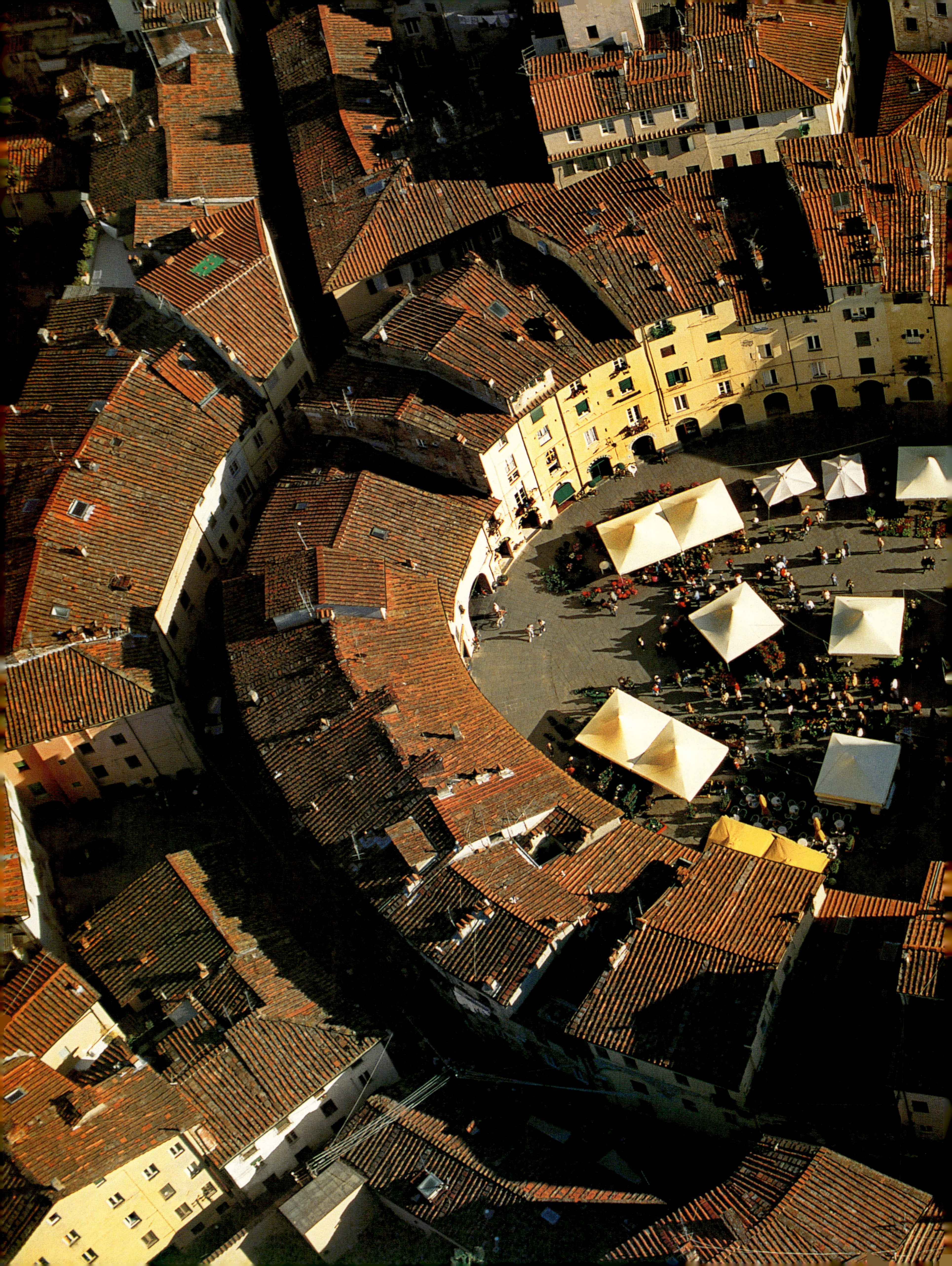

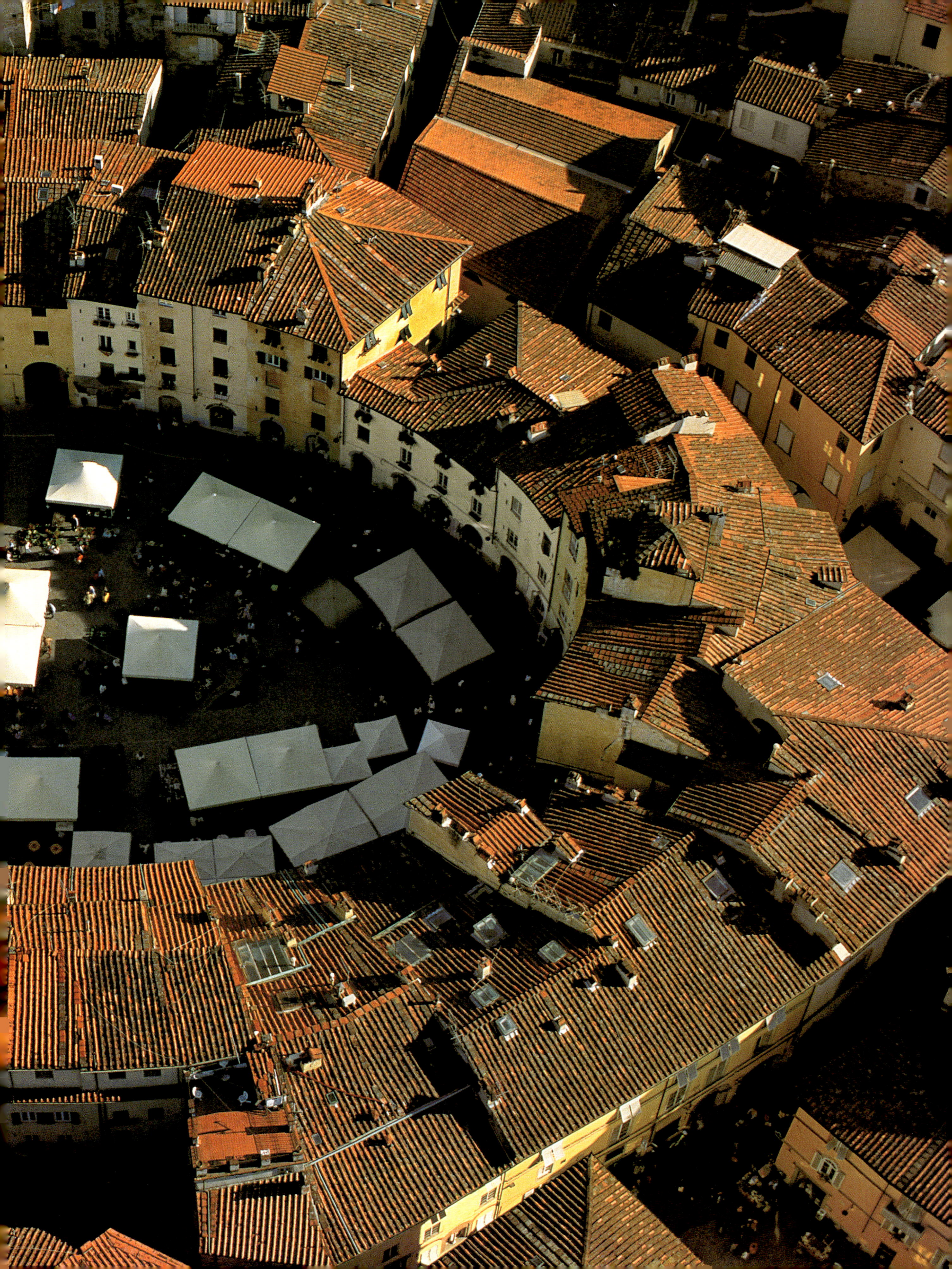

PISA, RICCHEZZA E CULTURA ALL'OMBRA DELLA TORRE

104 Alle spalle del Duomo di Pisa, troneggia la Torre campanaria, la Torre pendente. Dalle cronache medievali si apprende che la sua sorte fu ben presto oggetto di preoccupazioni, tanto che i tentativi di ovviare alla pericolosa inclinazione iniziarono alla fine del Duecento.

104-105 Il meraviglioso complesso monumentale di Pisa, Duomo, Torre, Battistero e Camposanto, testimonia la passata ricchezza della città. E la sorte del campanile, che da sempre soffre per un cedimento del terreno di costruzione, tiene il mondo col fiato sospeso.

105 in basso Il genio del Buschero, al quale si attribuisce il progetto del Duomo di Pisa, di cui qui è ritratto un particolare dell'abside, maturò in un ambiente ricco di reminiscenze classiche, aperto alla cultura orientale e molto evoluto dal punto di vista tecnologico.

106-107 Secondo recenti studi, la disposizione dei monumenti di Piazza dei Miracoli a Pisa obbedisce a un preciso criterio di simbolismo cosmologico legato alla costellazione dell'Ariete: il Duomo, il Battistero e la Torre dovrebbero rappresentare le tre stelle principali.

105

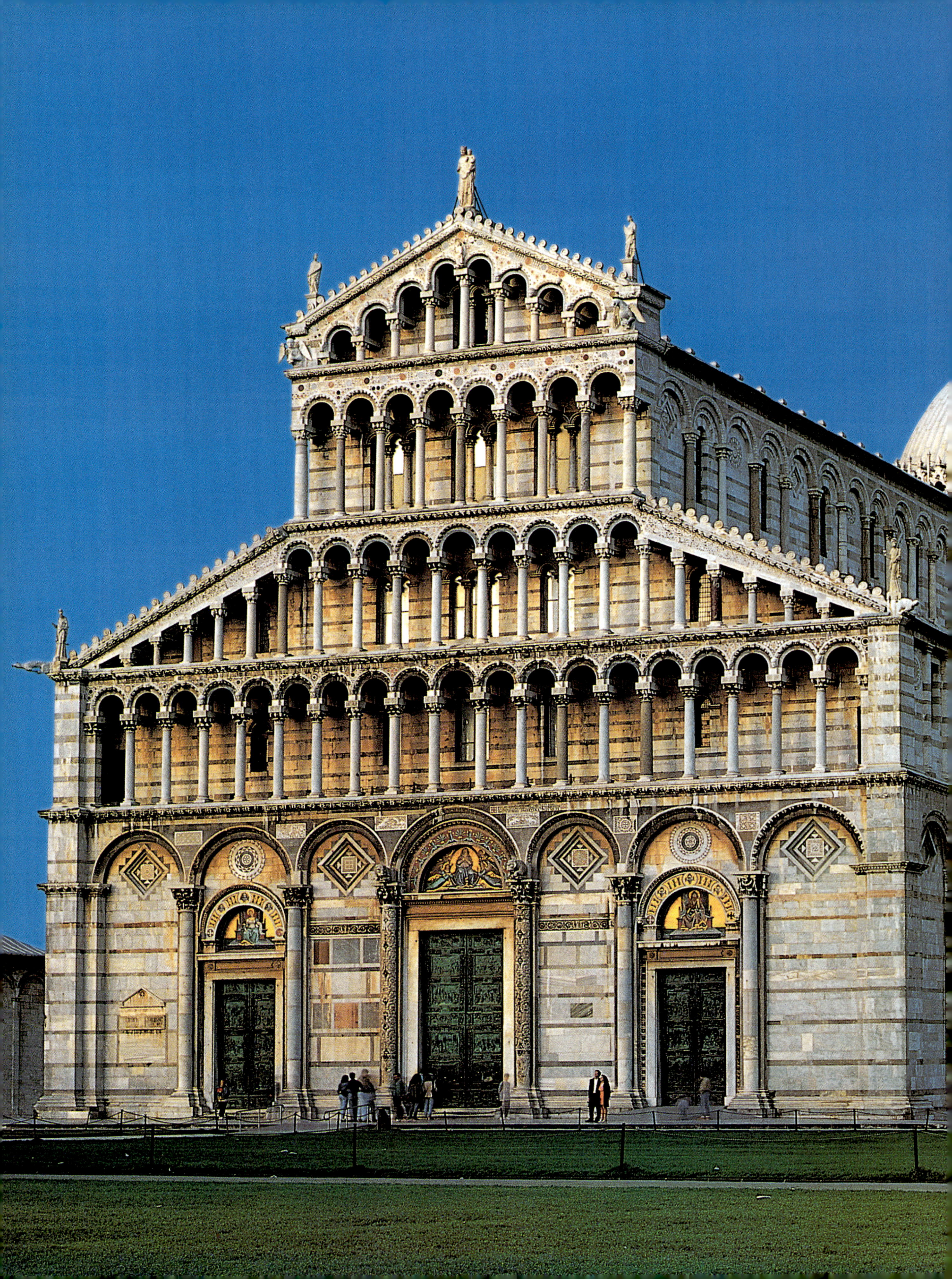

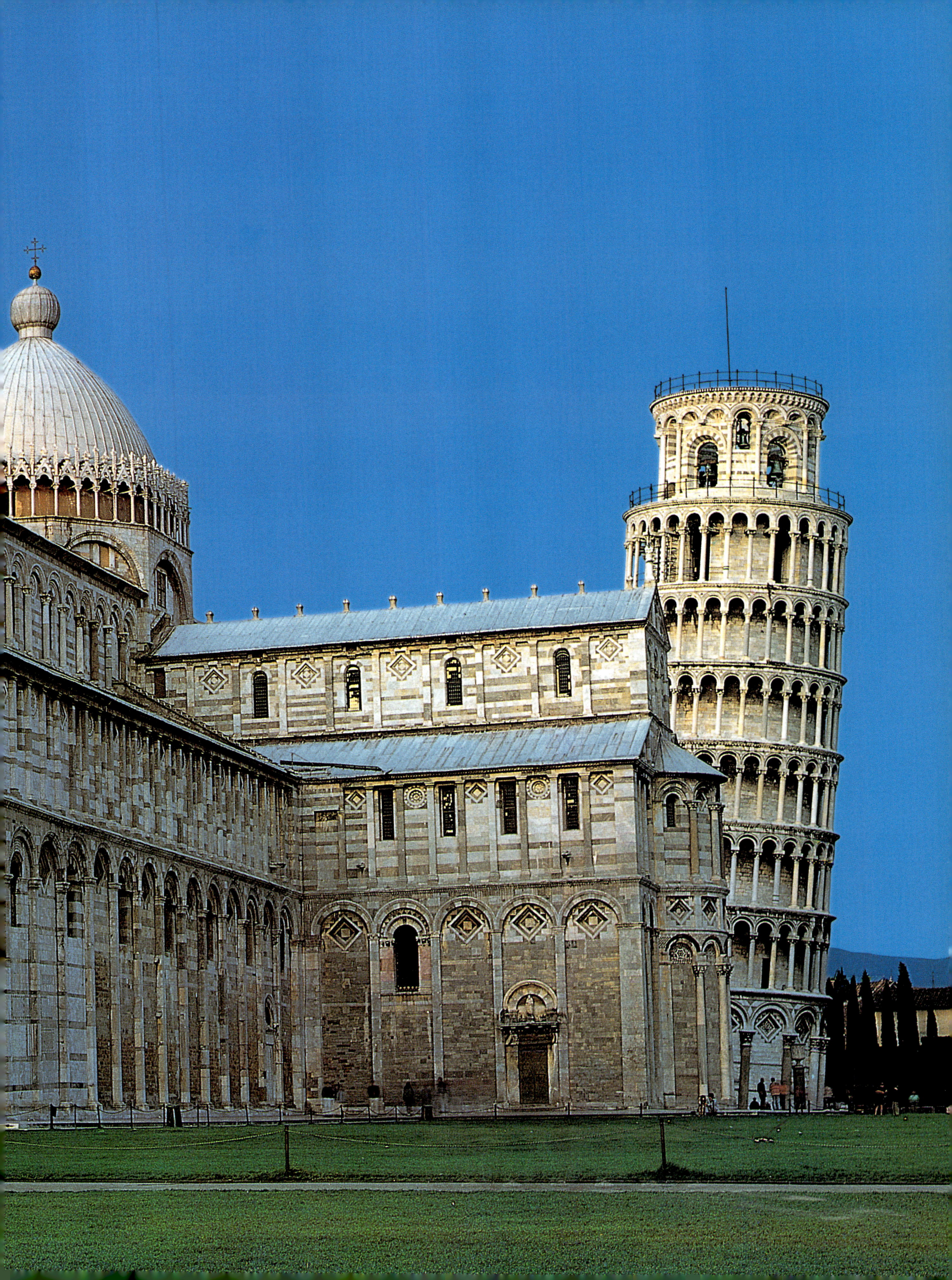

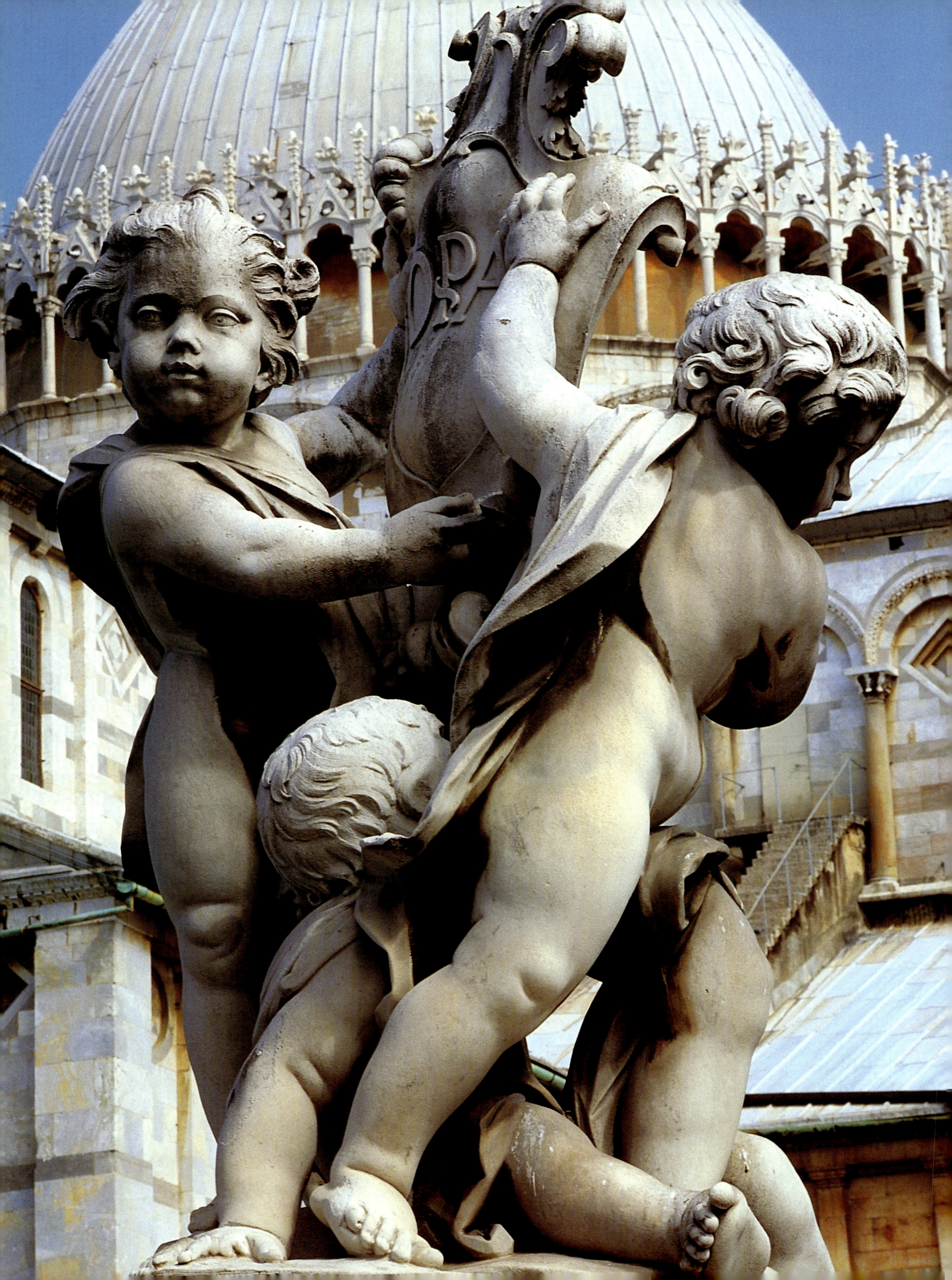
OPA

108 La slanciata cupola del Duomo di Pisa poggia su un alto tamburo ed è considerata il primo esempio di "cupola estradossata". Come la cattedrale, è considerata opera del Buschero, che riposa in una tomba incastrata sotto una delle arcate della facciata.

109 Il vibrante gioco di chiaroscuro tipico dei loggiatini del Gotico pisano viene sviluppato in mille modi diversi nei monumenti di Piazza dei Miracoli.

110-111 Campo dei Miracoli a Pisa riunisce alcuni edifici tra i più rappresentativi dell'arte italiana: il Camposanto (a sinistra), il Battistero e il Duomo, affiancato dal celeberrimo campanile, meglio noto come Torre pendente.

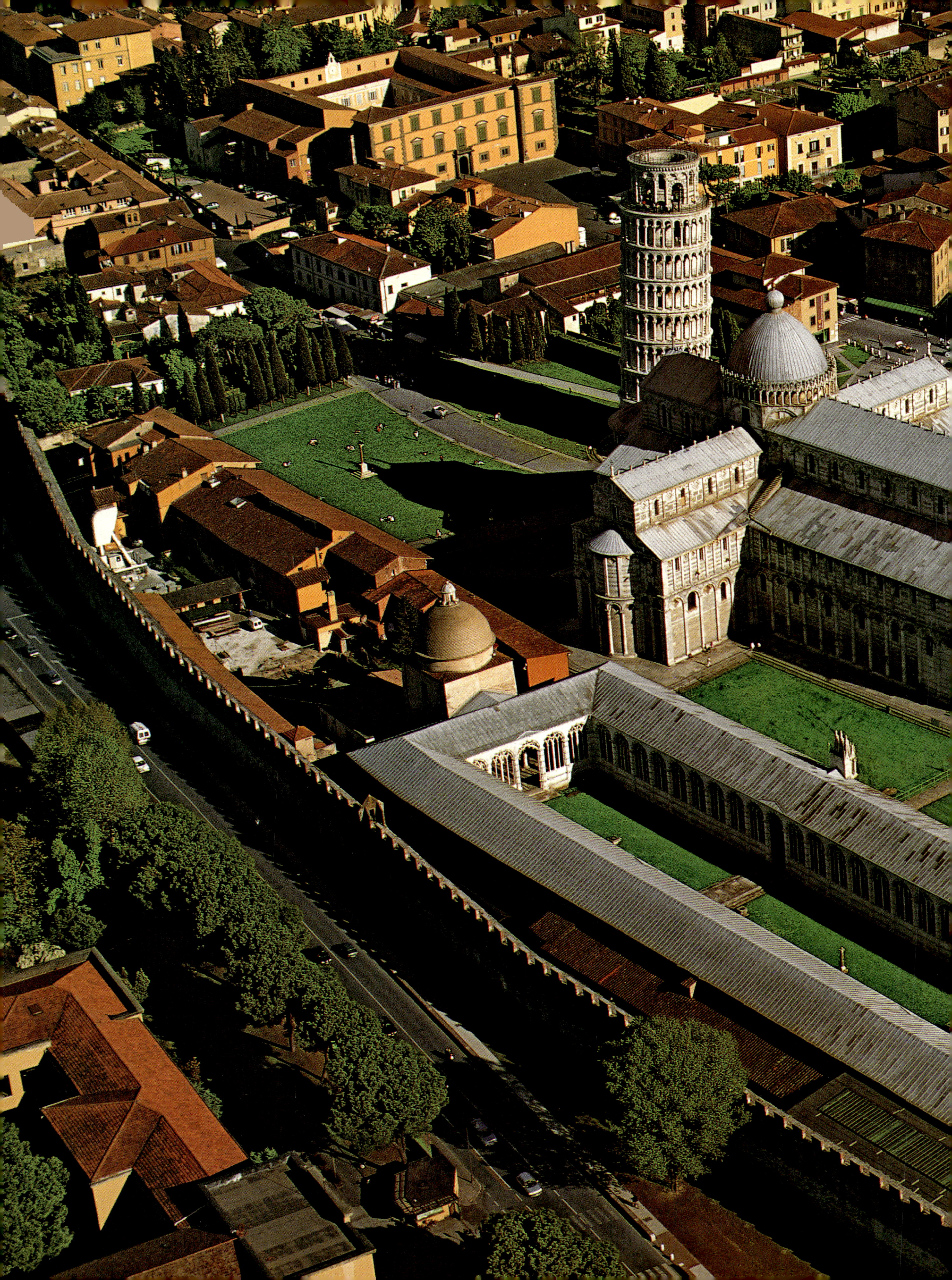

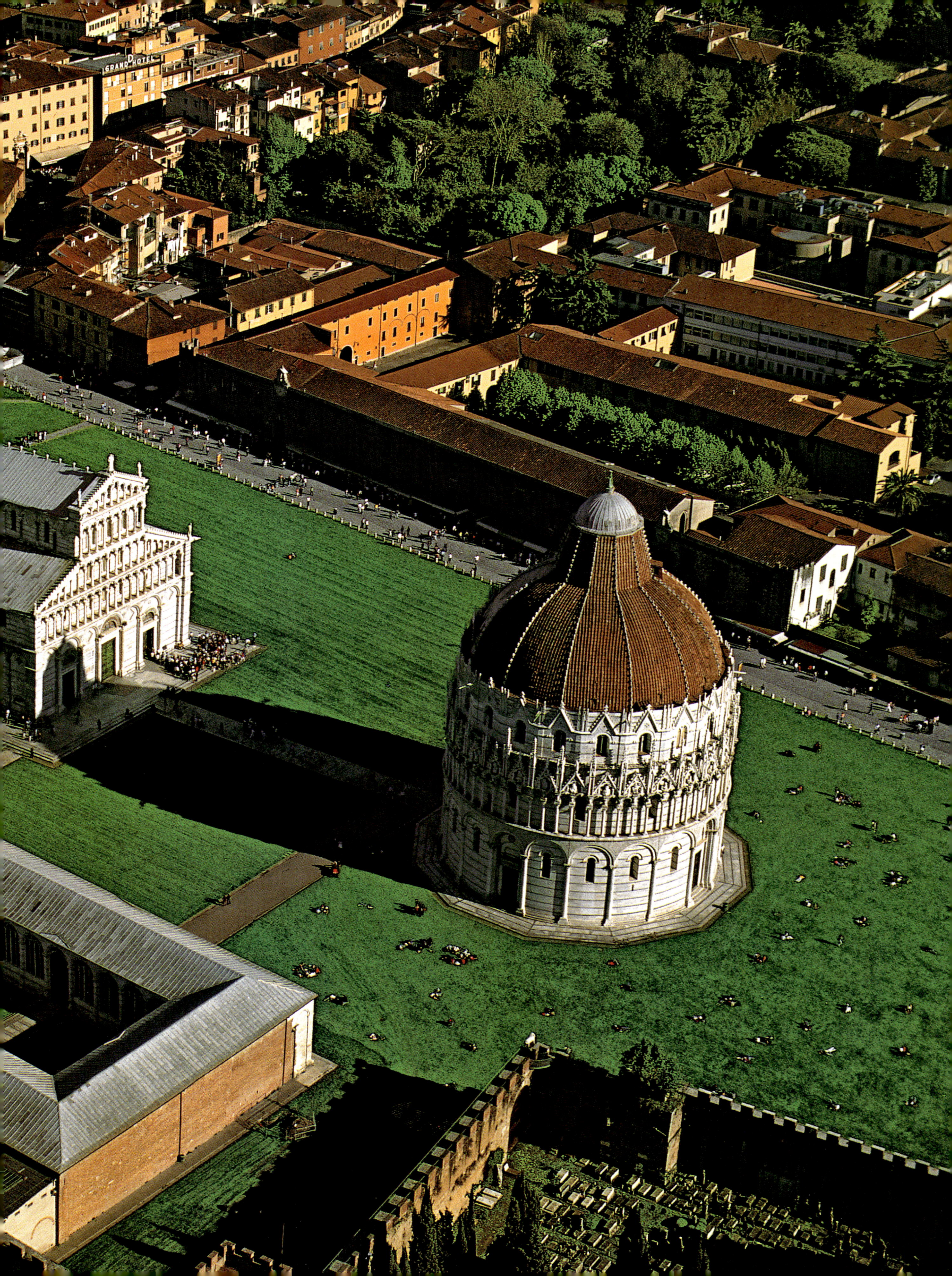
GRAND HOTEL

Massa, Carrara e Livorno, città di marmi e pietre

112 in alto I palazzi che sorgono nel centro di Massa denotano un fasto e una ricchezza che rispecchiano il passato glorioso della città.

112 in basso Capitale del ducato di Massa e Carrara nel Cinquecento, prima dell'XI secolo Massa era solo un piccolo centro rurale, che si sviluppò solo in seguito alla decadenza della vicina Luni. Furono la famiglia Malaspina di Fosdinovo prima, e la famiglia Cybo Malaspina in seguito, a darle la sua definitiva configurazione urbanistica. Massa Cybea, con una planimetria regolare di strade ortogonali, vide sorgere palazzi e chiese, e soprattutto la sontuosa residenza dei Cybo, il grande palazzo rosso che nel Settecento si arricchì di stucchi, grottesche, motivi floreali.

113 in alto Il Mastio di Matilde spicca tra i possenti spalti della Fortezza Vecchia di Livorno. Risale all'XI secolo, ma le sue origini sono molto più antiche: sorge infatti su vestigia romane del I secolo avanti Cristo.

113 in basso L'imponente Porto Mediceo di Livorno fu costruito tra il 1571 e il 1618: lo scalo ebbe notevole impulso con l'utilizzo del sistema di riesportazione in franchigia delle merci depositate in dogana. Nel 1675 venne istituito un porto franco, che aumentò la prosperità della città proiettata sul Tirreno. Nell'immagine si può ammirare un breve tratto del lungomare che ricorda la Livorno dei passati fasti balneari, con la grazia opulenta dell'edilizia umbertina, dalle terrazze che si affacciano sul mare aperto.

San Gimignano, gli antichi simboli del potere

114 e 115 Abbarbicata su un colle che domina la Val d'Elsa, nel Medioevo San Gimignano, grazie alla sua posizione strategica sulla via Francigena, ebbe grande fortuna, ma la rivalità tra le diverse famiglie nobiliari fece scoppiare lotte sanguinose e tragiche.

116-117 San Gimignano, in provincia di Siena, conserva ancora la sua struttura urbana medievale caratterizzata dalle numerose torri delle dimore gentilizie. Dal 1990 il centro è stato nominato dall'Unesco Patrimonio culturale dell'Umanità.

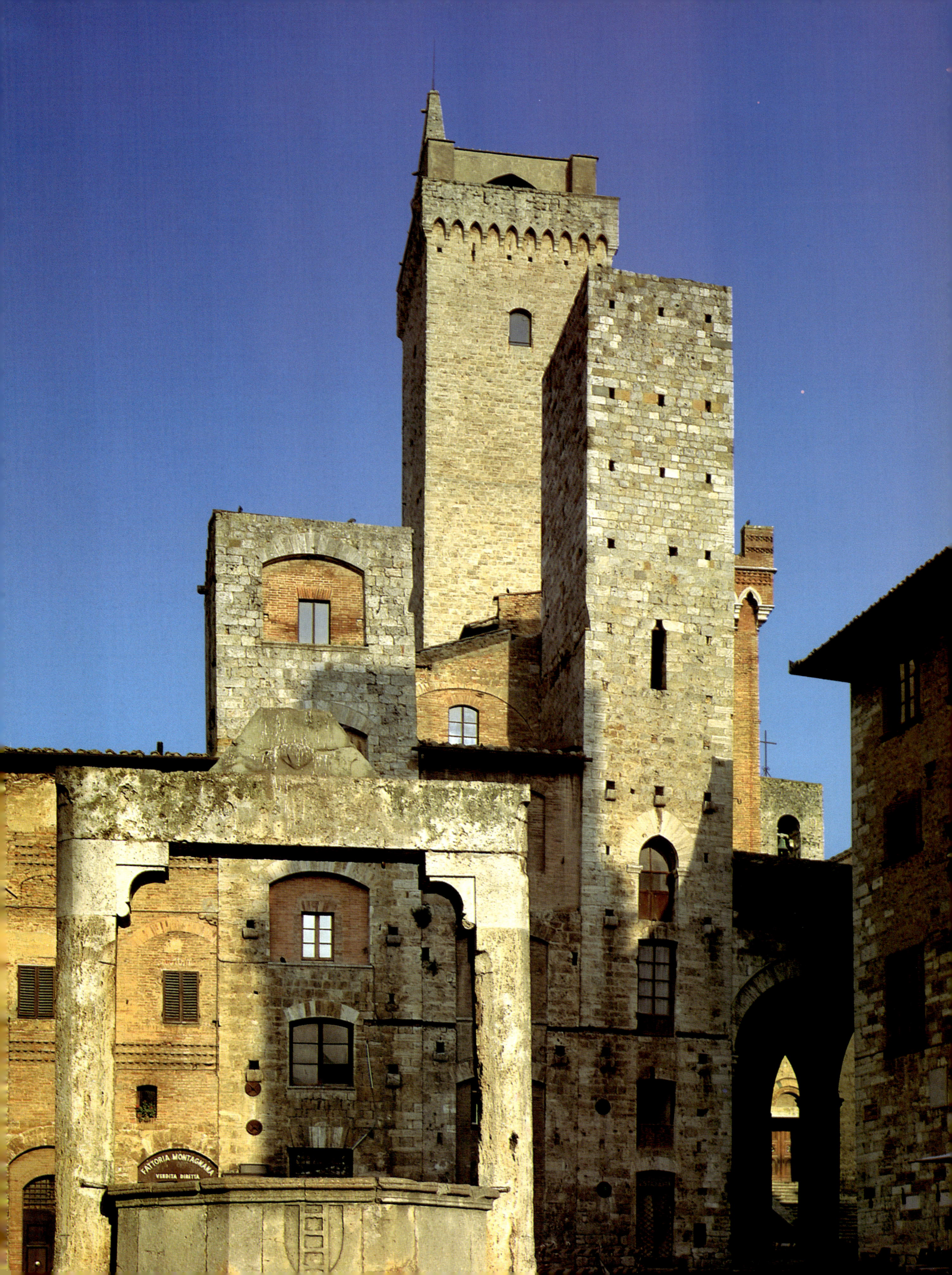
FATTORIA MONTAGNANA
VENDITA DIRETTA

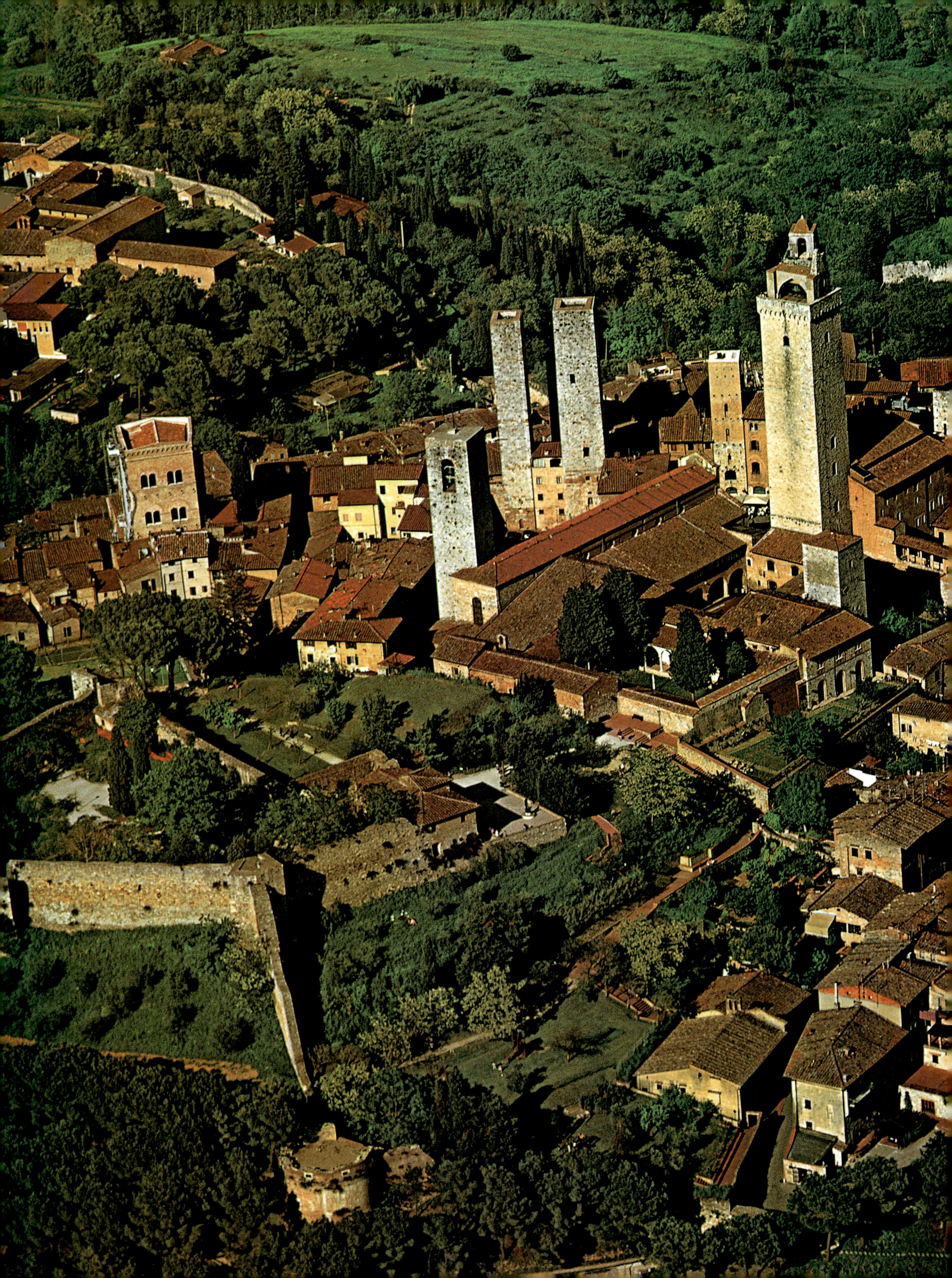

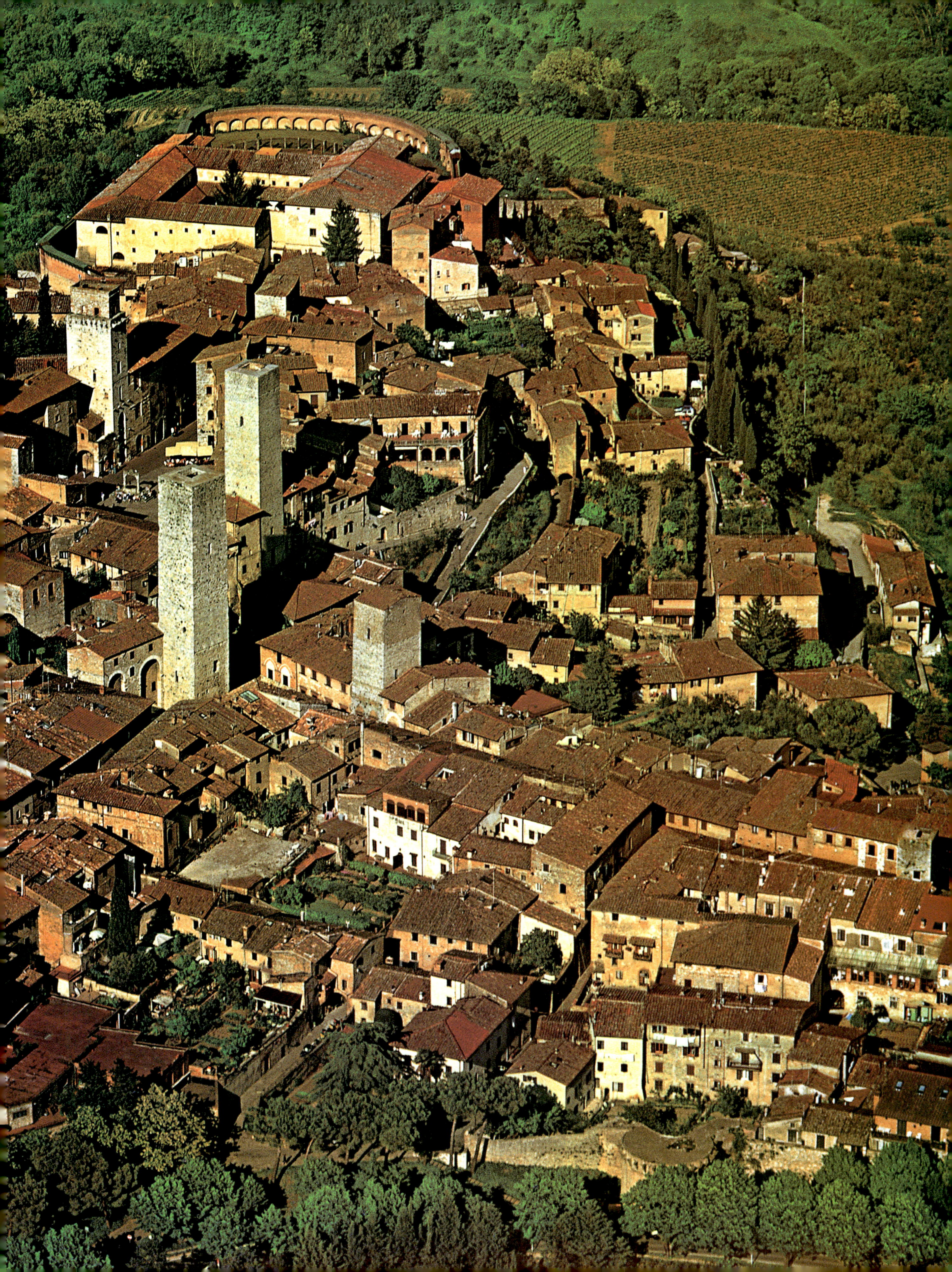

118 e 119 L'interno della Collegiata di San Gimignano è arricchito da splendidi affreschi. A sinistra, è ritratto un particolare delle Storie di Santa Fina *del Ghirlandaio, a destra, si possono ammirare le* Scene della vita di Cristo, *di Barna da Siena.*

119

Il paese dei cipressi, delle ville e dei borghi

120-121 Montalcino, in Val d'Orcia, è celebre in tutto il mondo per il vino che vi si produce, il Brunello. Di origini relativamente recenti, il Brunello è ricavato da un monovitigno di Sangiovese; le annate migliori raggiungono prezzi da capogiro.

Tra le Alpi e la Sicilia, tra Nord e Sud. Montagne e colline, valli aperte e gole, mare e isole. La Toscana non è solo arte, ma anche natura così tipica che si parla di paesaggio toscaneggiante per definire, per esempio, quello dell'Umbria o delle Marche.
Le colline del Chianti, le Crete senesi, il Mugello, la Maremma, la Garfagnana non sono solo lo sfondo ideale di mille città e mille borghi: sono un elemento indispensabile al loro fascino, inseparabile dall'opera dell'uomo. La tentazione di iniziare dalla parte meno amata, più bistrattata e dimenticata, l'amarissima Maremma, sarebbe forte. Ci si giungerà, invece, alla fine, salutando la regione dal buen retiro dell'Argentario, dopo essere stati accolti dal Mugello, immenso lago di foreste verdi arginato dall'Appennino e coronato dal Falterona, fonte del "fiumicel", come chiamava Dante l'Arno. Entrare in Toscana da qui doveva evocare, nei viaggiatori di un tempo, un sospiro di sollievo: un paesaggio di colli, poggi, ville e rocche, luogo di soggiorno preferito dai fiorentini che avevano ben pensato, sin dalla fine del Trecento, di spazzar via le fortezze feudali dei Guidi e degli Alberini, trasformando la Val di Sieve in un'oasi di pace. I Medici erano originari di qui e si abbandonavano a tranquilli ozi, alla caccia, alle feste. La vicinanza e il dominio di Firenze hanno privato il Mugello anche delle sue glorie patrie: chi ricorda che Giotto, il Beato Angelico e Andrea del Castagno sono di queste parti? Fagocitati dalla capitale, per sempre. Ci si consola visitando ville principesche, come quella di Cafaggiolo, voluta da Cosimo il Vecchio nei pressi di Barberino, oppure il borgo di Scarperia, famoso per l'artigianato dei coltelli. Si passa poi per Fiorenzuola, con la Rocca e la cinta muraria opera del solito Sangallo, per arrivare a Borgo San Lorenzo, "capitale" del Mugello. Un antico castello dedito, più che alle lotte, al commercio (vi si tiene ancora un bel mercato settimanale), ma con la superba Pieve di San Lorenzo, che vanta una "Madonna" attribuita a Giotto. Il Mugello continua quasi all'infinito in un paesaggio pieno di colore e si arriva a Vespignano, indicato come il paese natale di Giotto, e a Vicchio, patria del Beato Angelico, dove si dica sia avvenuto lo storico incontro con Cimabue. Certo non è difficile immaginare una scena così fondamentale per l'arte ambientata tra le pievi, le colline che punteggiano la strada verso Dicomano.

Questa è la terra dei pittori, dove si formò e si educò lo stile che rese grande Firenze nel mondo. Ed è bello perdersi tra i boschi o affacciarsi ai poggi, nella speranza di scorgere un monastero nascosto, o uno dei rari castelli giunti fino a noi: si ritrovano suggestioni andate perdute, tra il verde in mille sfumature, che variano con le stagioni. In una quasi totale continuità, a meridione del Mugello si stende il Casentino, a cavallo tra Toscana ed Emilia. È la vallata iniziale dell'Arno e fu Dante a coglierne per primo la bellezza imponente e il clima fresco, così diverso da quello torrido di Firenze; ma al poeta non sfuggiva di certo il suo aspetto meno pacifico, le tempeste violente che ne hanno scosso, nei secoli, la pace. Basterebbe il nome della piana di Campaldino, teatro della vittoria dei Guelfi fiorentini sui Ghibellini di Arezzo, o quello di Anghiari, per evocare dolore e sangue. Per fortuna anche questa è terra di grandi artisti, da Piero della Francesca a Michelangelo, a Paolo Uccello, e di spiritualità. Il Monte della Verna, per esempio: apparteneva a un impenitente dongiovanni medievale, Orlando Cattani da Siena, che mai avrebbe pensato di vedere la sua vita stravolta dall'incontro con un fraticello piccolo e lacero. Il fraticello era Francesco d'Assisi, in visita al castello di San Leo, in Romagna. Orlando ascoltò le sue parole, si convertì e gli donò l'intera montagna. Sulla Verna Francesco e i suoi innalzarono, con l'aiuto del loro benefattore, una chiesa, dove il santo ricevette poi le stigmate. Oggi il Santuario della Verna è monastero, biblioteca, museo e persino osservatorio meteorologico. Anche il monastero di Camaldoli nasce su una storia di mecenatismo. Questa volta protagonista è San Romualdo, che poco dopo l'anno 1000 ottiene da Maldolo d'Arezzo il permesso di costruire sulle rovine di un castello. I monaci camaldolesi furono fondamentali per la diffusione del sapere nel Medioevo: dal loro eremo, chiusi in una regola severissima, copiarono codici ben prima che la stampa arrivasse a semplificare le cose e all'inizio del XVI secolo fondarono una importante tipografia. Immerse nei boschi, La Verna e Camaldoli sono vere oasi di pace.
L'arte invece, si incontra nei tanti paesi e borghi, con doveroso omaggio a Pratovecchio, patria di Paolo Uccello, e alla vicina pieve di Romena, la più importante del Casentino.

123 In estate i colori della campagna toscana esplodono: il verde, il giallo dei girasoli, l'ocra delle crete rimangono nel cuore e sono gli stessi che si ritrovano nei dipinti dei grandi artisti medievali e rinascimentali.

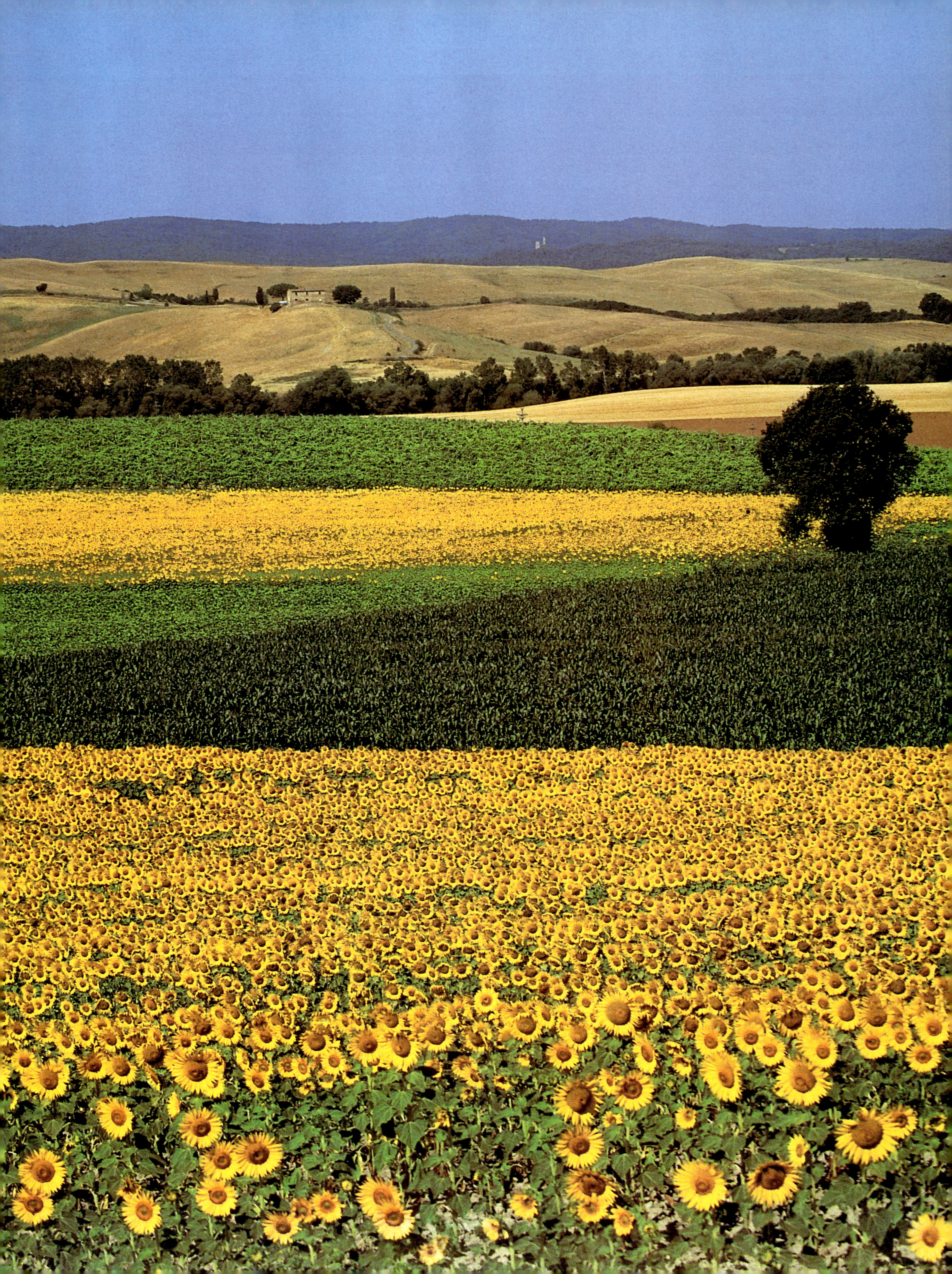

124-125 Nella dolcezza delle colline senesi spicca il tempio di San Biagio, opera di Antonio da Sangallo il Vecchio. Il travertino dorato esalta la semplicità e l'armonia della costruzione, posta su un poggio ai piedi della città di Montepulciano.

124 in basso Fu la solitudine desolata e struggente delle Crete a ispirare Bernardo Tolomei, fondatore dell'abbazia di Monte Oliveto Maggiore: lontano dalle cure politiche e pubbliche, egli si ritirò nella preghiera e nello studio.

Altra sosta a Poppi, residenza preferita dei conti Guidi. Il castello dei Guidi, suggestivo brandello medievale, è un simbolo laico e feudale ancora temibile e ci si domanda quale fosse l'impatto della sua mole sulle milizie nemiche. Sembra anzi che Palazzo della Signoria a Firenze ne sia una semplice "copia", anche se qualcuno dice che l'influsso funzionò esattamente al contrario e che furono i trionfatori a esportare il loro stile da queste parti. L'ultima tappa è Cortona: una città che definire affascinante è poco, ricca di un patrimonio artistico inestimabile e rimasta praticamente intatta dal Rinascimento ai giorni nostri. Un itinerario ideale? Innanzitutto la splendida Santa Maria al Calcinaio, San Domenico, arricchito da grandi opere pittoriche, il Duomo, i resti delle fortificazioni etrusche, il palazzo Pretorio, il Museo Diocesano... O anche solo una passeggiata nelle strade lastricate, una visita alle botteghe d'antiquariato, la magia di perdersi nel tempo. Ma l'ingresso in Toscana può essere affrontato anche da altre montagne, quelle della Lunigiana, guardate a vista da Pontremoli, medievale e barocca, con le vecchie case dal tetto in ardesia e il castello dove ha sede il Museo Archeologico, custode della civiltà di Luni. Le statue-stele accolgono il visitatore piene di misteri irrisolti: erano idoli? Pietre di confine? Cippi funerari? La curiosità si mescola all'inquietudine, in questa porzione di terra che è già Toscana, ma ha ancora qualcosa dell'Emilia e della Liguria. Scendendo da Pontremoli verso il mare lungo la strada a mezza costa, a destra il paesaggio è cupo,

125 A pochi chilometri da Siena, sorge isolata la mole massiccia del Castello delle Quattro Torri. La struttura, opera del XIV-XV secolo, ricorda molto da vicino il coevo Castello Estense di Ferrara.

126-127 Una tipica visione della Val d'Orcia: colli morbidi e infiniti, coronati da qualche cipresso che si staglia contro il cielo.

128-129 L'opera dell'uomo è intervenuta a forgiare e rendere più fertile la terra toscana. Nella campagna intorno a Siena anche le case rurali si inseriscono magicamente nel paesaggio.

profondo, mentre dalla parte opposta sorridono le pievi e i castelli. Zona burrascosa, questa: i castelli sono una trentina, più di centocinquanta le residenze fortificate e le torri di avvistamento. Ma si è saputa riscattare nel modo migliore, con la cultura. Il Premio Bancarella, che si tiene ogni estate sulla piazza della Repubblica di Pontremoli, è appuntamento fondamentale per tastare il polso dei lettori italiani, mentre la vera città dei librai è Montereggio, immersa nel verde più profondo. Da quattro secoli gli abitanti di questa valle viaggiano per il mondo, fondando librerie e case editrici.

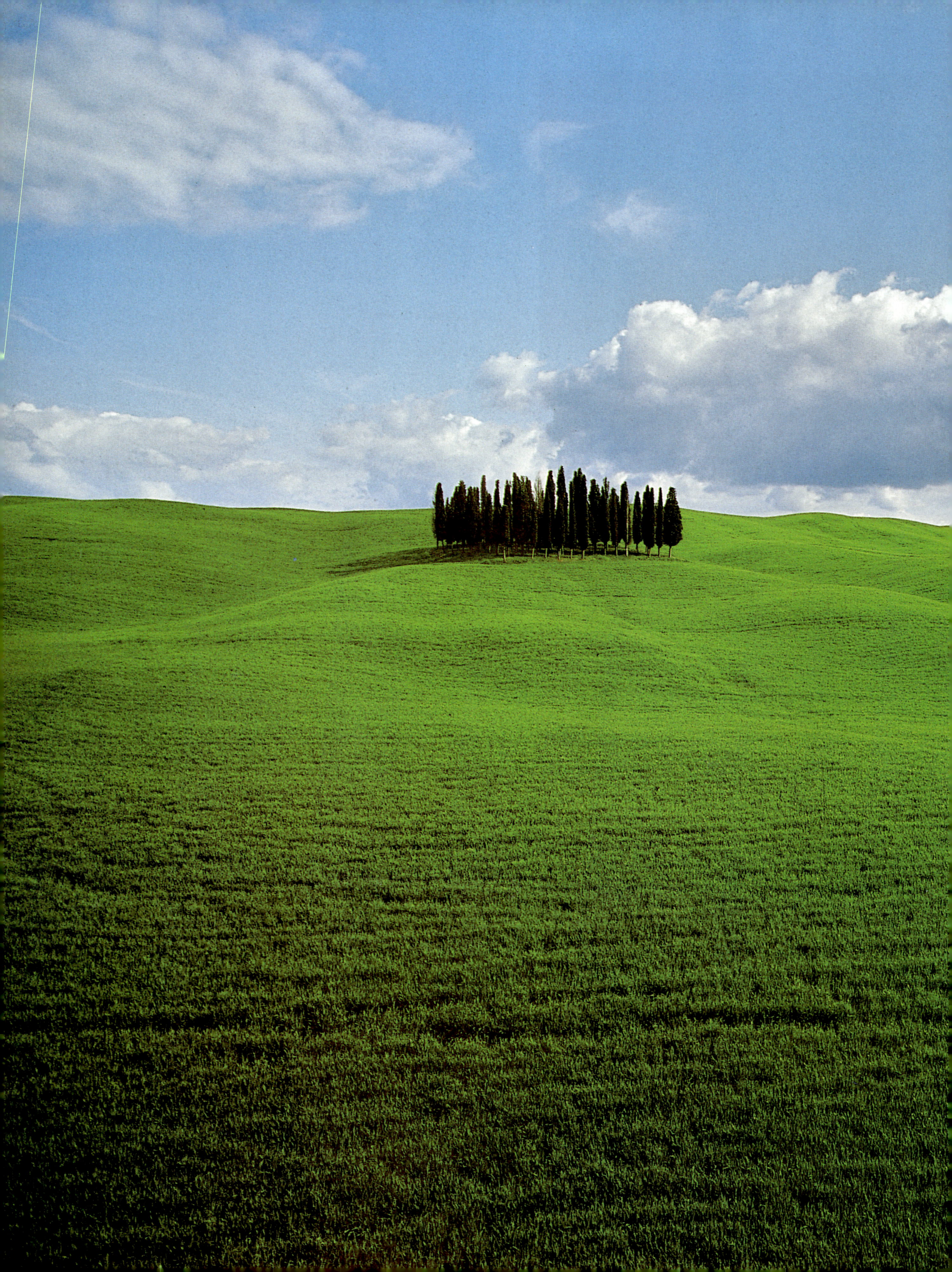

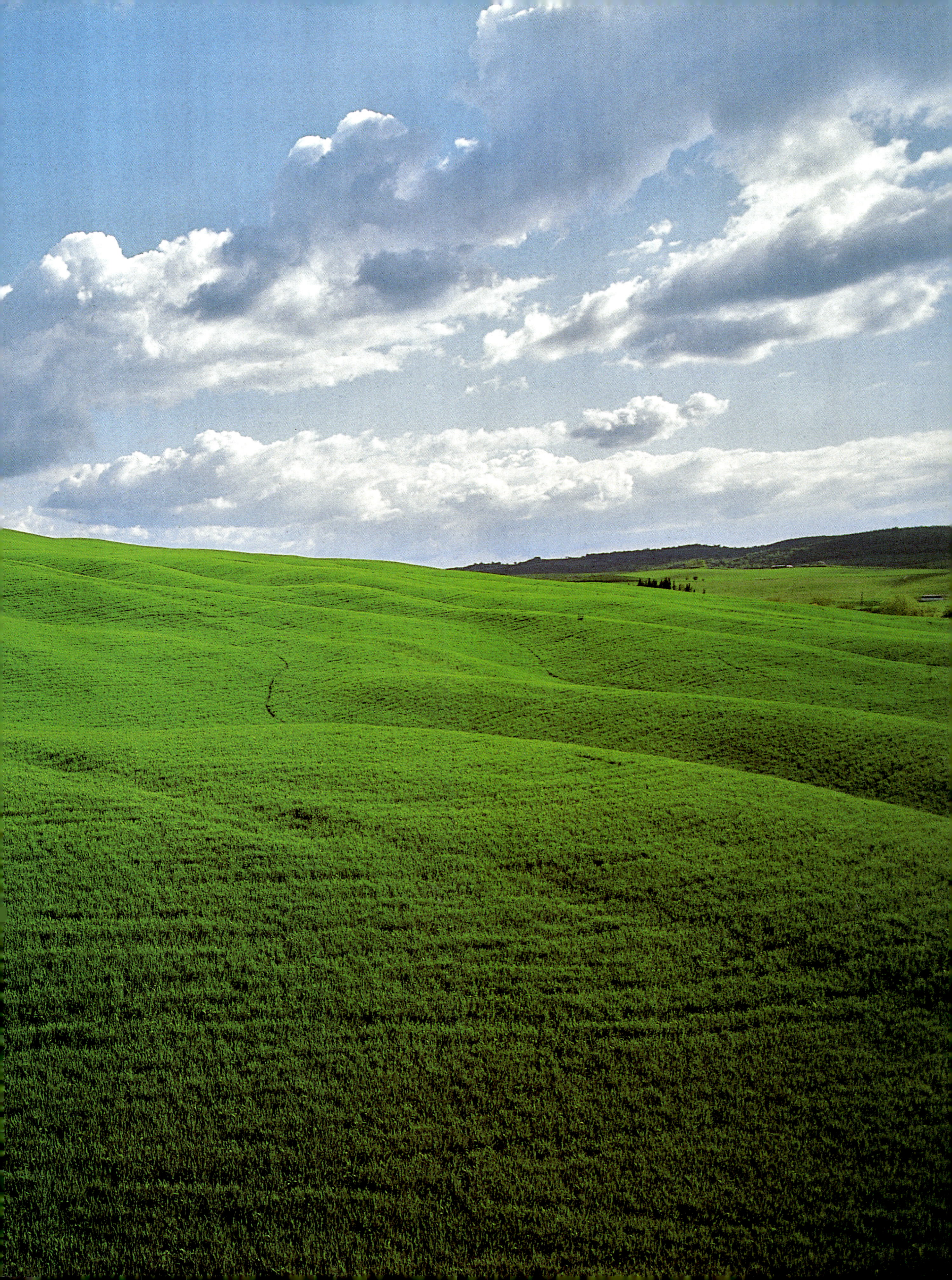

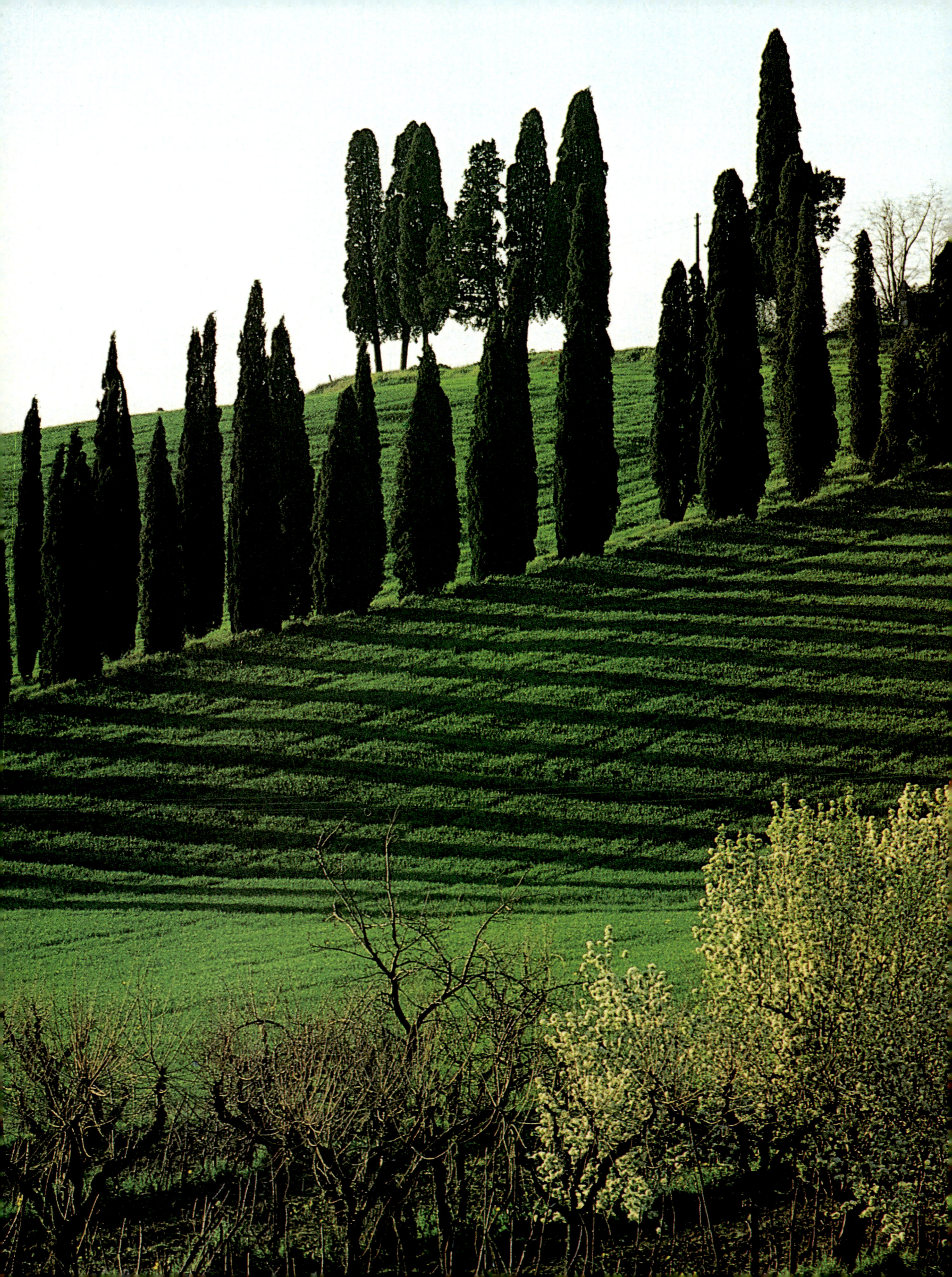

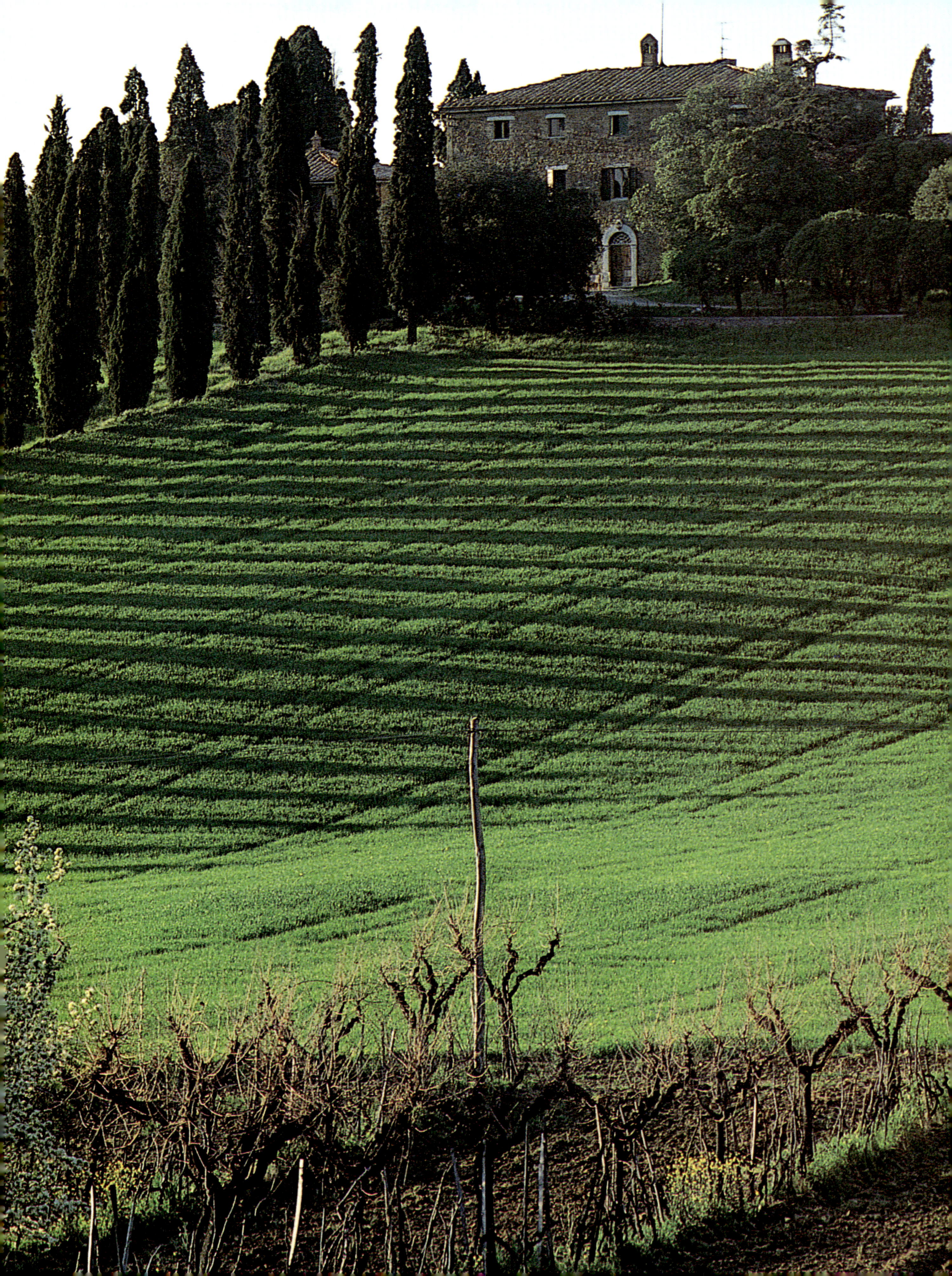

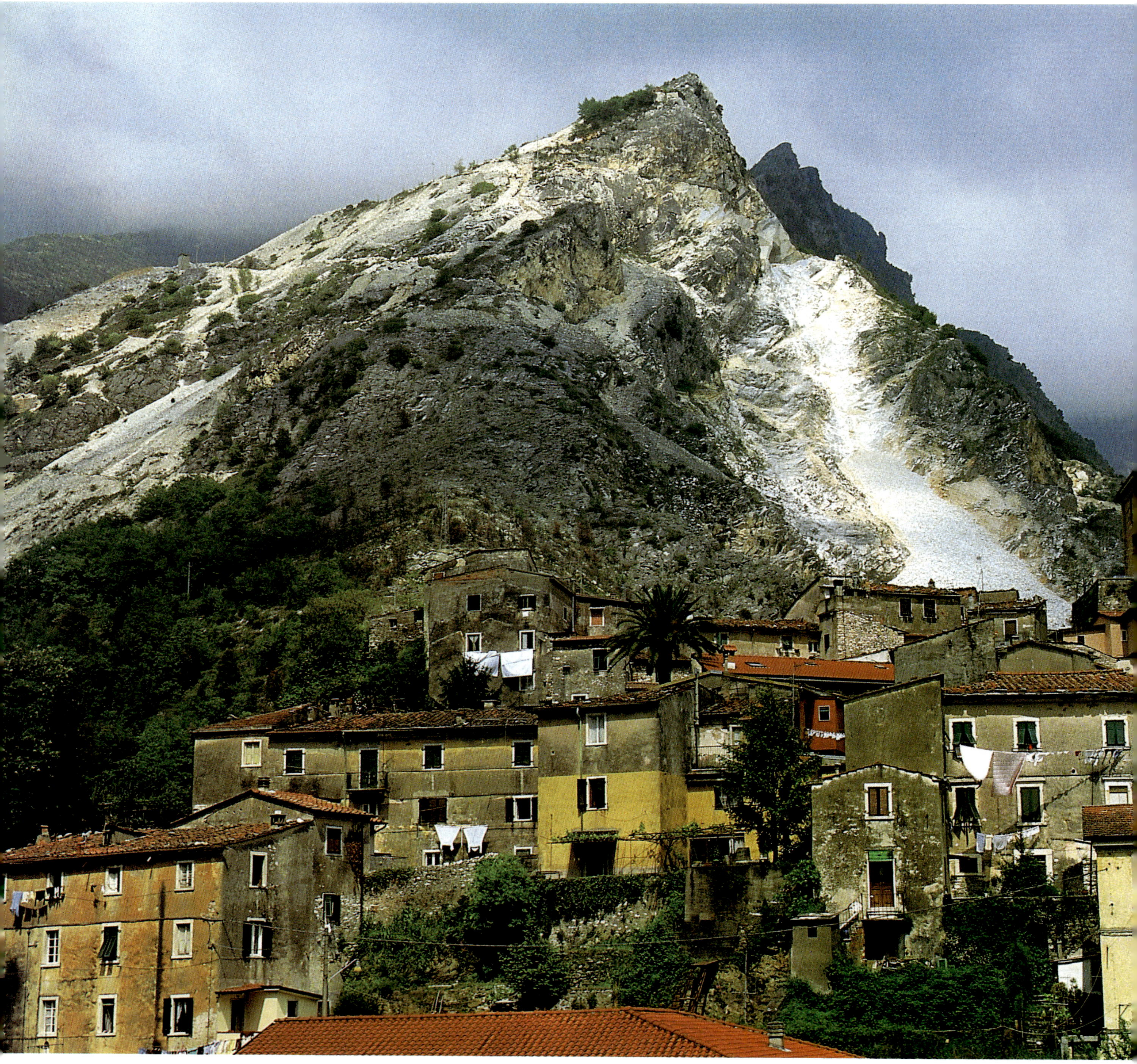

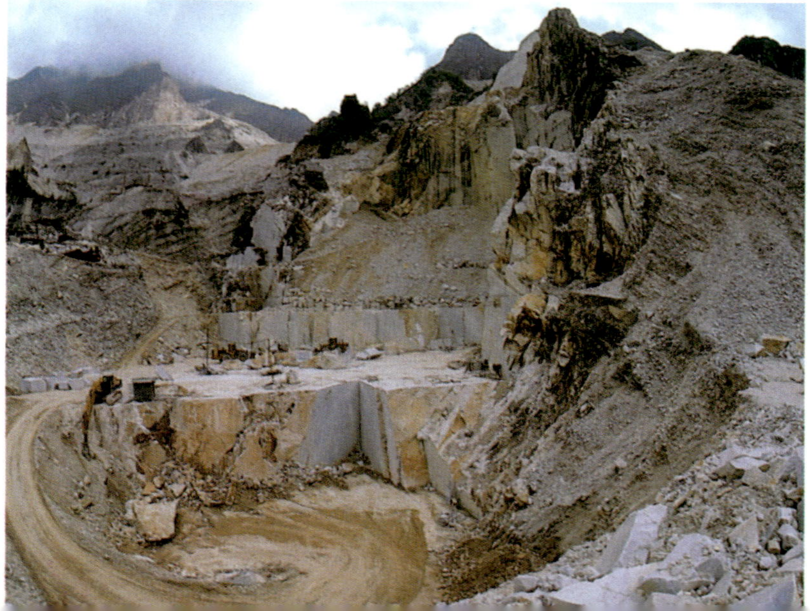

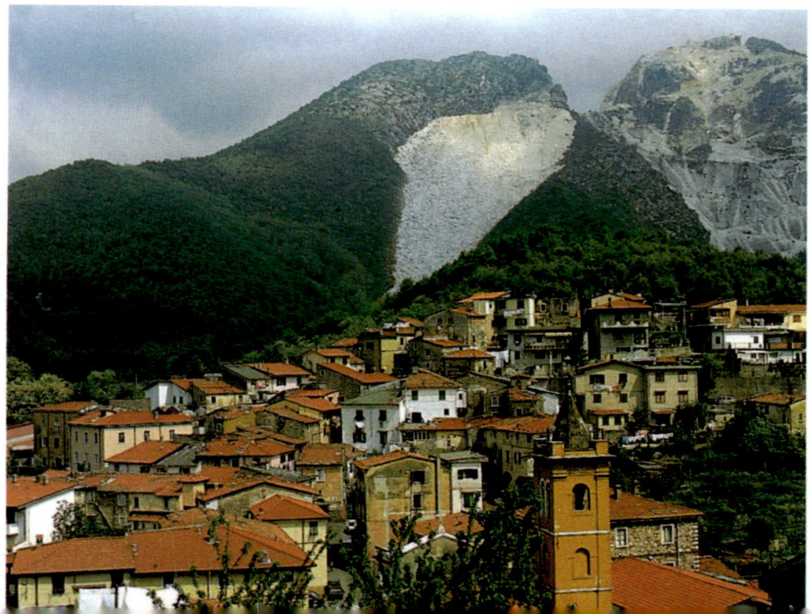

La provincia è quella di Massa-Carrara: se Massa ha un aspetto prevalentemente moderno, con un antico nucleo medievale raccolto attorno a una Rocca, Carrara è il marmo, e non solo in Italia. Dalle cave della Valle del Carrione arriva da secoli il prezioso materiale con il quale sono state scritte intere pagine della storia dell'arte.
Il marmo è la ricchezza della zona da almeno duemila anni e tutto il paesaggio delle Apuane è segnato, solcato dai canaloni, dalle macchie bianche dei depositi degli scarti di lavorazione.
Una benedizione per l'economia della zona, che però Carrara ha pagato con un aspetto industriale, riscattato da qualche bel palazzo seicentesco ma soprattutto dal Duomo romanico-gotico.
Lasciando alle spalle la città si sale invece per strade ripide e tortuose verso Colonnata o Fantiscritti, e dalla strada si vedono le grandi ferite da dove Michelangelo cavava il marmo per le statue delle Cappelle Medicee e per la tomba di Giulio II. Da qui, passando per il Pian della Foiba, si entra in Garfagnana dove, e non certo per suo desiderio, Ariosto trascorse anni poco felici come governatore per conto degli Estensi.
Vallate strette, fitte di querce, portano a Castelnuovo, a Coreglia Antelminelli, a Bagni di Lucca, o alla dolcezza di Barga, amata da Giovannino Pascoli, fino alla Grotta del Vento, miracolosa per i bronchi. La grande arte qui si stempera nella consuetudine domestica delle poesie che tutti i bambini italiani hanno imparato a memoria alle elementari, nel ricordo di un poeta

130-131 I paesi di Colonnata e Torano vivono in funzione delle cave di marmo che li circondano. Incastonati come protuberanze di pietra tra le pietre, sono da sempre legati alla storia di queste montagne ricche e difficili, che concedono le loro ricchezze solo a chi sa intaccare con perizia le pendici di "oro bianco".

131 Le cave di marmo dominano il paese di Campo Cecina, sulle Apuane: ghiacciai di pietra, ferite che da duemila anni forniscono il materiale con il quale sono state scritte pagine immortali della storia dell'arte.

molto conosciuto e molto bistrattato. Ogni paese ha una chiesa romanica, una terracotta, un crocifisso, un pulpito degno di essere visto. E di quando in quando, come nel 1994, si ha la fortuna di scorgere un brandello del passato arrivato intatto a noi: quando il lago di Vagli, formato da un bacino idroelettrico, viene prosciugato, ecco comparire il paesino di Fabbriche di Careggine, solitamente sommerso dalle acque. Le strade mute, la chiesa scoperchiata, le case abbandonate tornano, per qualche mese, a rivivere, prima di rientrare nel silenzio pacifico della Garfagnana.

Dalle montagne Apuane si scende in un attimo ancora alla pianura, e poi al mare. Prima quello della Versilia, dove i vecchi villaggi di pescatori, Forte dei Marmi, le Nocette, Pietrasanta, Camaiore, Viareggio, sono diventati parte della fabbrica di divertimenti estiva, tuttavia conservando, spesso, una loro aria di aristocratico distacco. Seguendo la costa si entra nel territorio amato da Puccini, Torre del Lago, lo specchio di Massaciuccoli, la meravigliosa tenuta presidenziale di san Rossore. Ma bastano pochi chilometri perché il verde dei pini lasci il posto al porto di Livorno. Città difficile da amare, per chi non vi è nato; tutta aperta verso il mare, ma senza enfasi, con semplicità. Così poco "toscana", senza cedimenti e quartieri "graziosi", forse, ma anche grazie alla sua struttura unitaria (e alla sua relativa "giovinezza"). Le notizie certe sulla sua esistenza non si spingono infatti oltre il Trecento, quando proprio sul luogo dove sarebbe sorto il Porto Mediceo esisteva un minuscolo porticciolo di pescatori. Le alterne vicende della città, tra le quali il breve assoggettamento a Genova, non la toccano troppo fino al 1530, quando Livorno diventa il porto più importante della Toscana, sotto il dominio dei Medici. E nel Seicento inizia anche la sua espansione demografica: la città richiama una forte immigrazione sia dal resto del Granducato che dall'estero e garantisce la libertà di culto a tutti. Un atto davvero straordinario, che ha fatto diventare Livorno uno dei pochi "paradisi" concessi in Terra agli ebrei: una situazione unica in Italia, che durò fino all'età di Napoleone I e che vide la nascita di grandi leshivòth *e persino di una lingua propria, il bagito. La grande sinagoga, considerata tra le più belle d'Italia, venne purtroppo distrutta; di recente è stata sostituita da un tempio senza storia. Dal Seicento inizia a costruirsi la fama di Livorno come città della libertà: di lì a poco gli stranieri saranno il trentacinque per cento della popolazione. Inizia così anche un grande fermento politico, grazie a uno sviluppo industriale che dall'Ottocento ha accentrato attorno al porto un proletariato sempre più numeroso. Livorno è la città dell'Associazione Internazionale degli Operai, dell'Alleanza Democratica Universale, degli anarchici bacuniani, del Congresso Socialista che, nel 1921, vide nascere il Partito Comunista Italiano. Ancora oggi i livornesi hanno fama di gente non proprio pacifica, e comunque prontissima alla burla.*

132 in alto I ruderi di San Galgano, che si ergono in mezzo alla campagna, sono di certo una delle testimonianze più suggestive del Romanico rimaste in terra senese.

132 in basso L'abbazia di Monte Oliveto Maggiore conserva i superbi affreschi di Luca Signorelli e del Sodoma, considerati tra le opere più significative del Rinascimento.

132-133 All'abbazia di Sant'Antimo, nei pressi di Montalcino, sono tornati a risuonare i canti gregoriani, grazie a cinque monaci francesi che si dedicano al culto e alla cura del tempio.

133 in basso L'abbazia di Monte Oliveto Maggiore veglia sulle Crete senesi. L'abbazia, una delle più grandiose della Toscana, fu fondata nel 1313 da Giovanni Tolomei, maestro di Diritto allo Studio senese, che abbandonò onori e ricchezze per una vita monastica di tipo benedettino, con uno speciale interesse per le arti e le scienze.

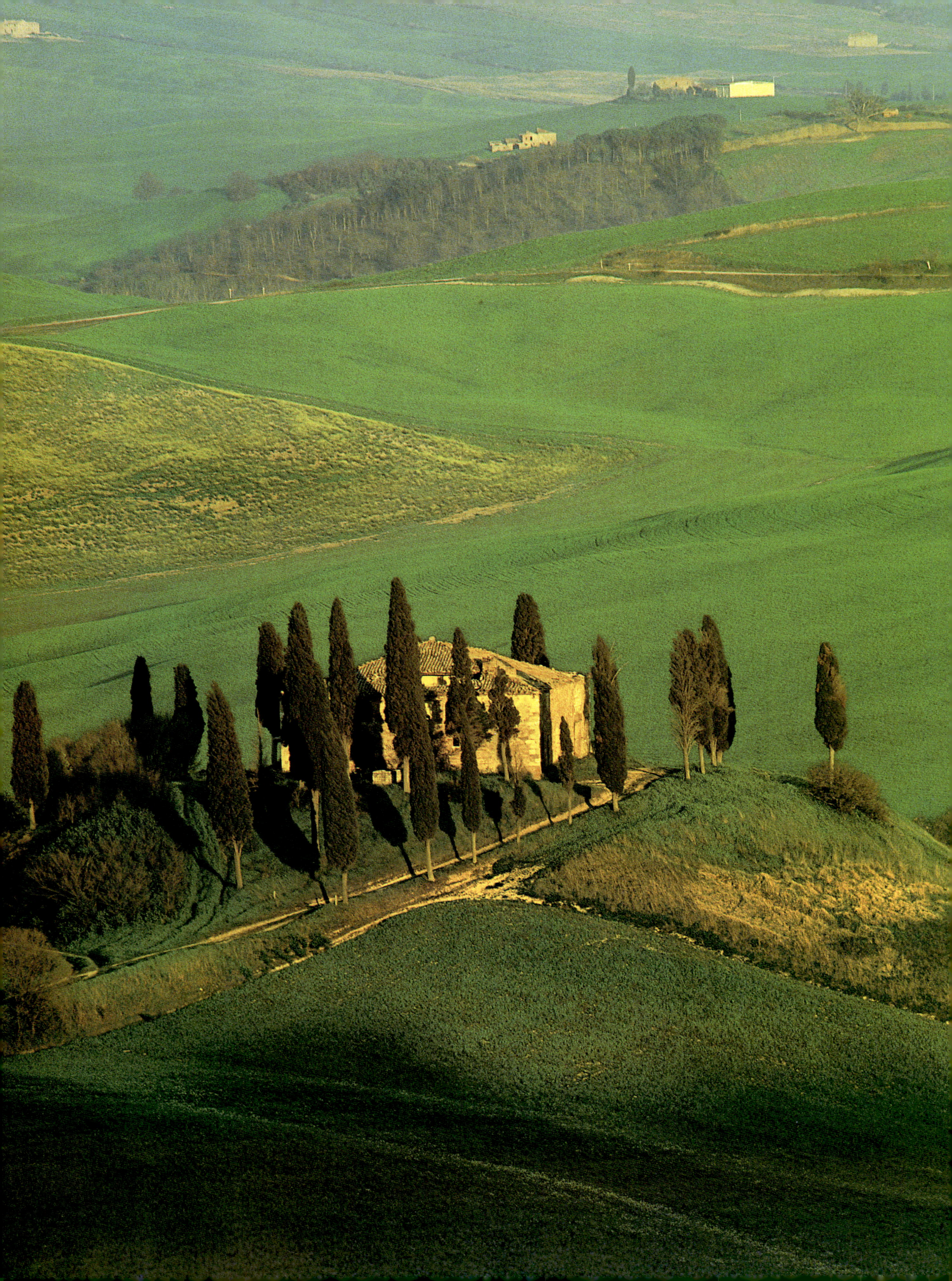

*Basterebbe ricordare quella, feroce, che ebbe luogo qualche anno fa proprio qui, quando tre studenti presero bellamente per il naso fior di studiosi ed esperti spacciando per opere di Amedeo Modigliani dei frammenti di pietra modellati con il trapano elettrico. Tutto il mondo rise, e tutta Livorno applaudì. Farsi beffe del prossimo, orgogliosi della propria individualità, ben staccati dagli altri toscani, addirittura con un dialetto diverso: bastian contrari per natura, da queste parti. E pur se lontano, perso al largo o spinto giù, verso il sud, appartiene per un tratto a Livorno anche l'Arcipelago Toscano: sette isole, tra grandi e piccole. Sono i cocuzzoli di sette cime degli Appennini, sommerse e separate dalla terraferma qualche milione di anni fa, anche se una leggenda vuole che siano nate quando il vezzo della Venere Tirrena si ruppe, lasciando cadere nel mare le gemme che lo componevano. Da quelle pietre preziose ebbero origine Elba, Gorgonia, Capraia, Pianosa, Montecristo, Giglio e Giannutri. Sembra che anche Giasone, nei suoi vagabondaggi con Medea, sia approdato nel golfo dell'Elba dove sorge oggi Portoferraio. L'Elba, in effetti, ebbe fortuna già in epoche remote, quando Liguri e Greci, mille anni avanti Cristo, sfruttavano le sue miniere di ferro. I Romani, invece, preferivano i suoi vini, anche se Virgilio la descriveva come "insula inexhaustis chalybum generosa metallis". Ferro e "turismo" si sono così alternati nella storia economica e politica dell'Elba, fino a oggi, con il significativo intervallo storico dei trecento giorni di prigionia di Napoleone. Più sperdute, e forse ancora più affascinanti, le altre isole hanno avuto destini diversi. Spesso rifugio di monaci, eremiti, amanti del silenzio, della meditazione e della preghiera come si vede dai ruderi dei piccoli monasteri rimasti a Giannutri e nella splendida Montecristo, ma anche roccaforte dei vari conquistatori che si sono alternati nel corso dei secoli, da Pisa agli Appiano ai Medici. Montecristo, dove Dumas aveva immaginato la ricerca del tesoro da parte di Edmond Dantès, è oggi una riserva protetta, dopo essere stata terreno di caccia privato di Vittorio Emanuele II.
Tutte le isole sono veri e propri paradisi della natura, da Pianosa, struggente fonte di angoscia per i galeotti, alle rocce vulcaniche di Capraia, alle dolci spiagge del Giglio, che si alternano alle coste scoscese.*

135 Monteriggioni (in alto) e Certaldo (in basso): due diversi destini per due borghi medievali che hanno avuto un ruolo importante nella storia e nella letteratura. Monteriggioni, isolata su un colle, vive il suo splendido declino nutrendosi di turismo colto e di ricordi, quasi rifiutando il contatto con la modernità. Certaldo, patria di Giovanni Boccaccio, ha invece saputo adattarsi ai tempi, diventando un centro industriale di primaria importanza.

134 Le tipiche abitazioni rurali della Val d'Orcia finiscono a volte in uno stato di triste degrado. Ma da qualche anno i rustici sono diventati preda ambita di italiani e stranieri che li acquistano e li restaurano, in cerca di un'oasi di pace e di tranquillità per le vacanze.

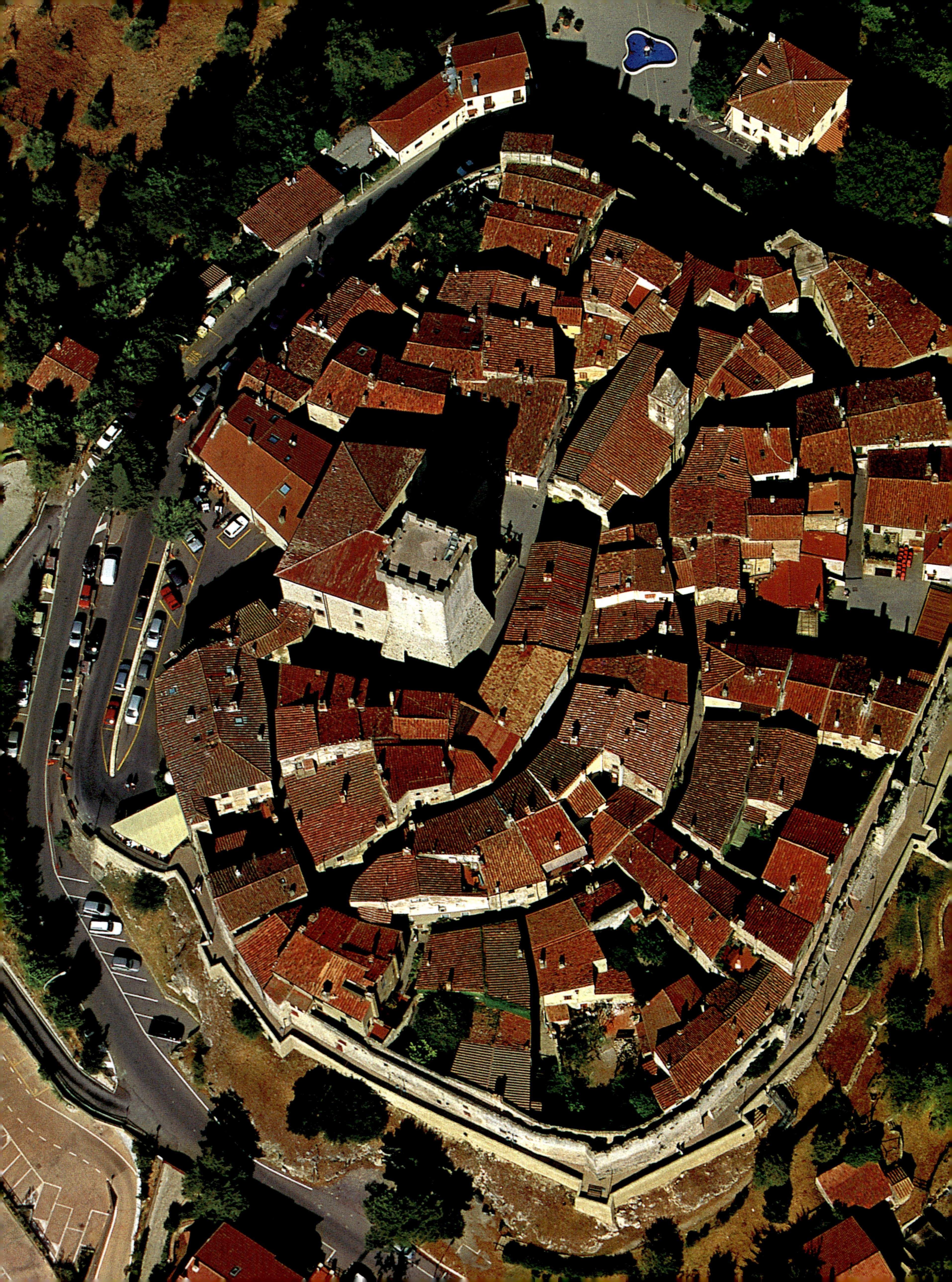

136-137 Capalbio è uno dei paesi fortificati più famosi della Toscana. Arroccato sulla cima di un colle nel cuore della Maremma, è cinto da mura ancora ben conservate. Nel centro storico sorge la Rocca aldobrandesca, costituita da una torre medievale e da Palazzo Collacchioni di epoca rinascimentale.

137 Monteriggioni è un altro esempio in Toscana di borgo medievale cinto da mura di forma ellittica. Cuore del centro cittadino è Piazza Roma, sulla quale si affaccia la piccola chiesa di Santa Maria Assunta. In estate il borgo ospita una festa storico-rievocativa del passato medievale del centro.

138-139 Pitigliano sorge su una rupe di tufo circondata da burroni. Nel centro storico la cattedrale dei Santi Pietro e Paolo presenta una facciata tardo-barocca fiancheggiata dalla torre campanaria su tre ordini.

140-141 Sorano, in provincia di Grosseto, domina la valle del Lente da uno sperone di tufo. Il piccolo centro conserva un'impronta marcatamente medievale, caratterizzata dalle case-torri e dall'imponente Fortezza Ursinea.

142-143 Sulle colline che circondano Pitigliano si produce un pregiato vino bianco. In passato il borgo era sede di una numerosa comunità ebraica.

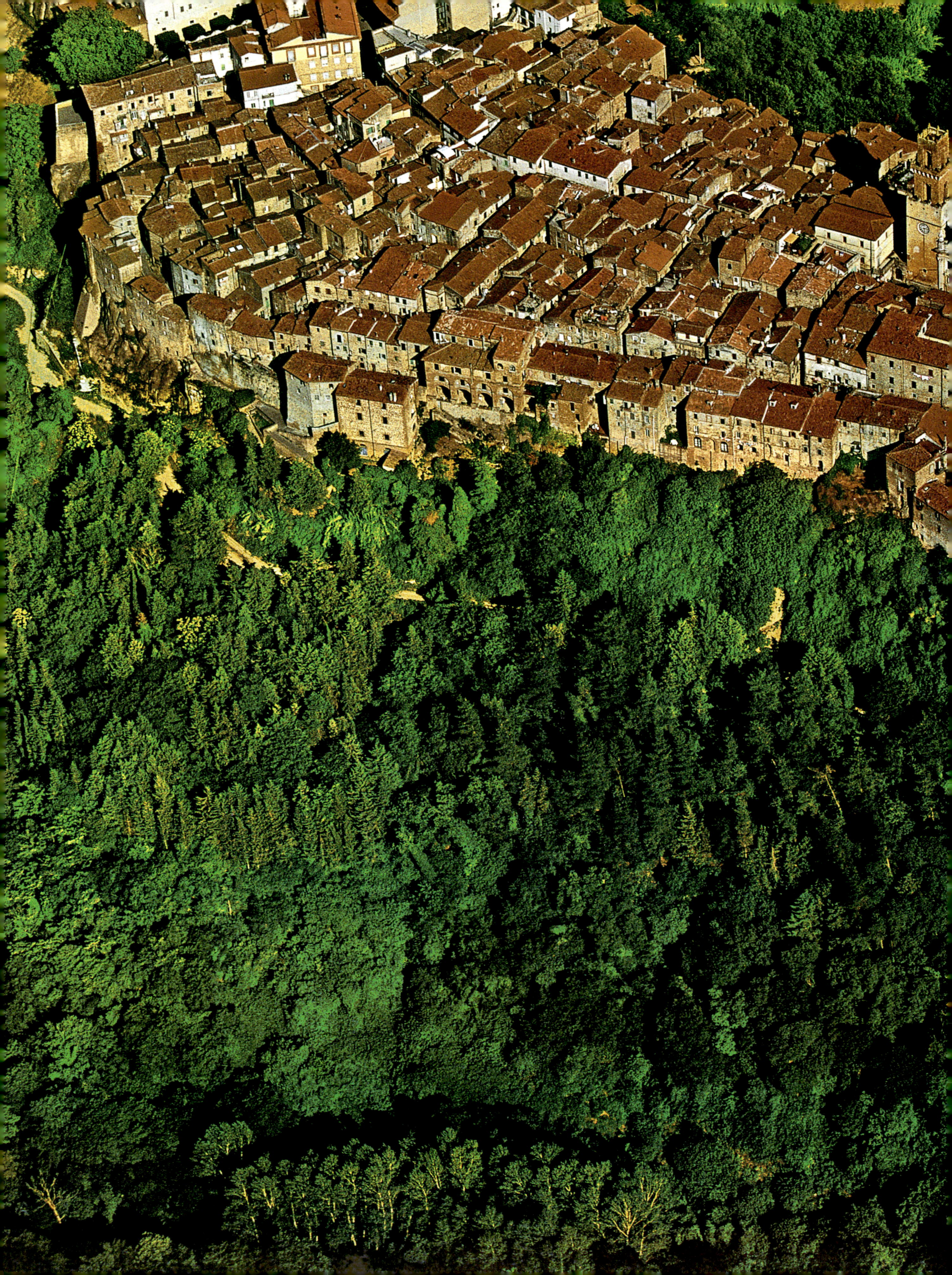

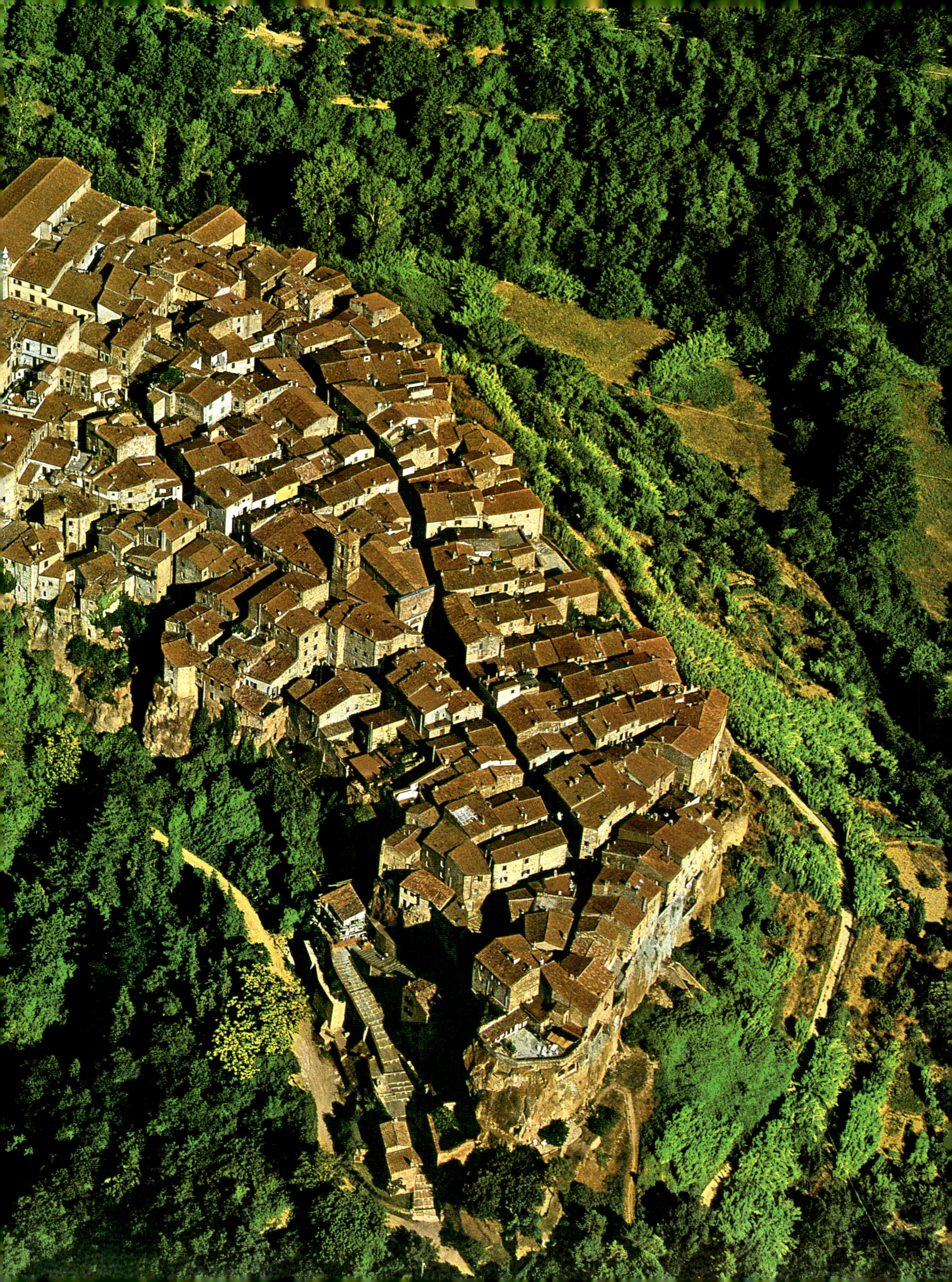

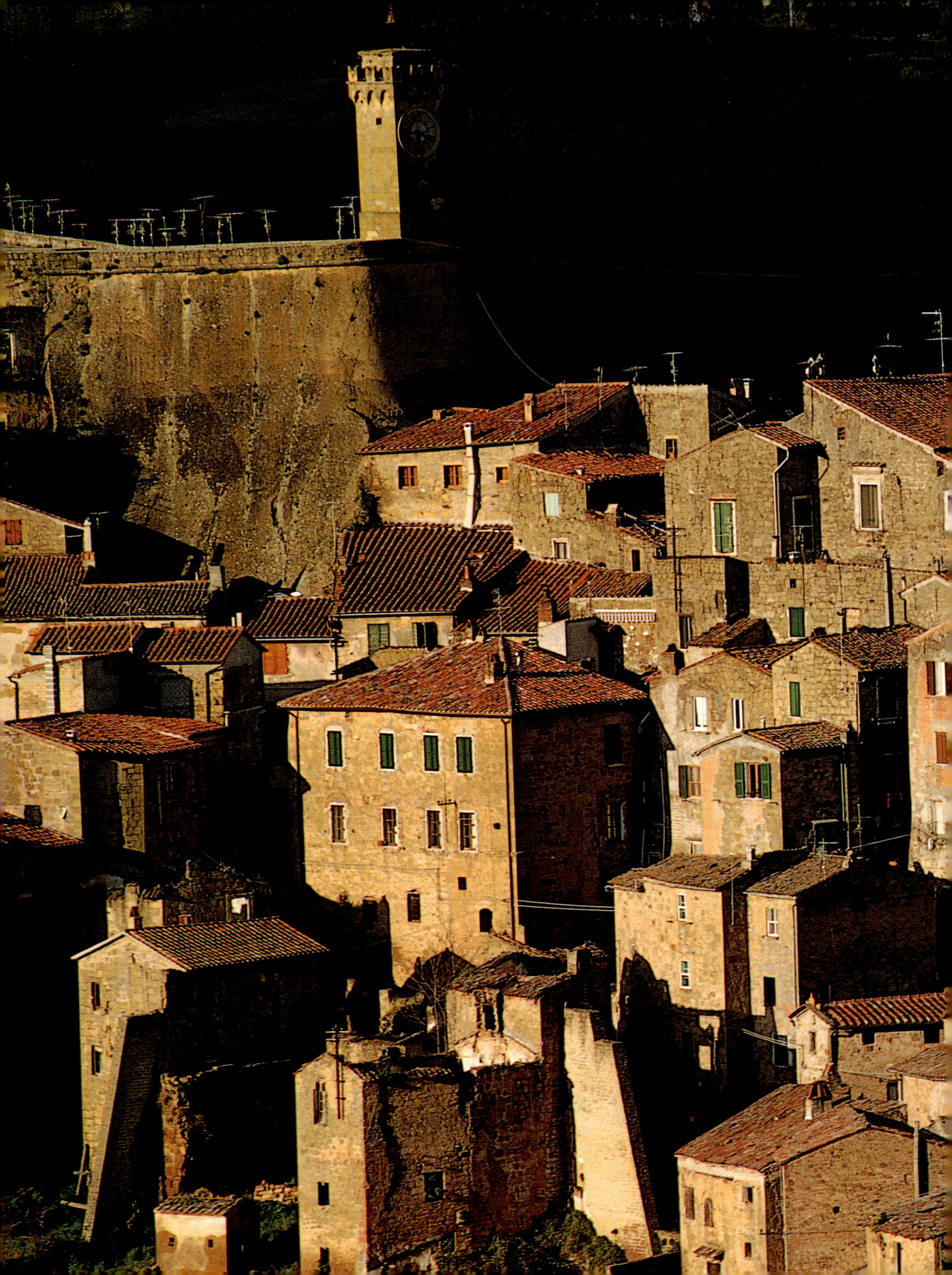

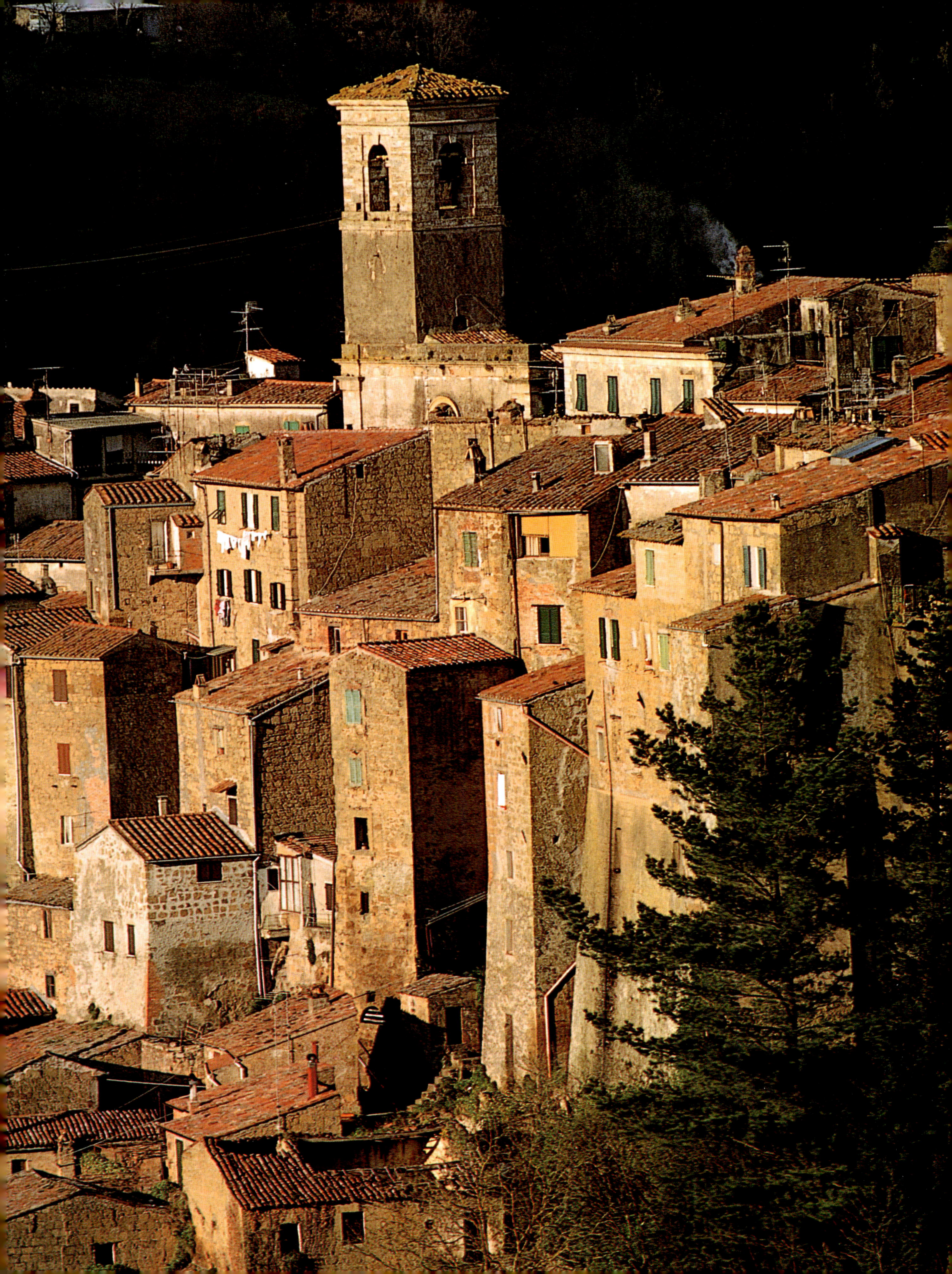

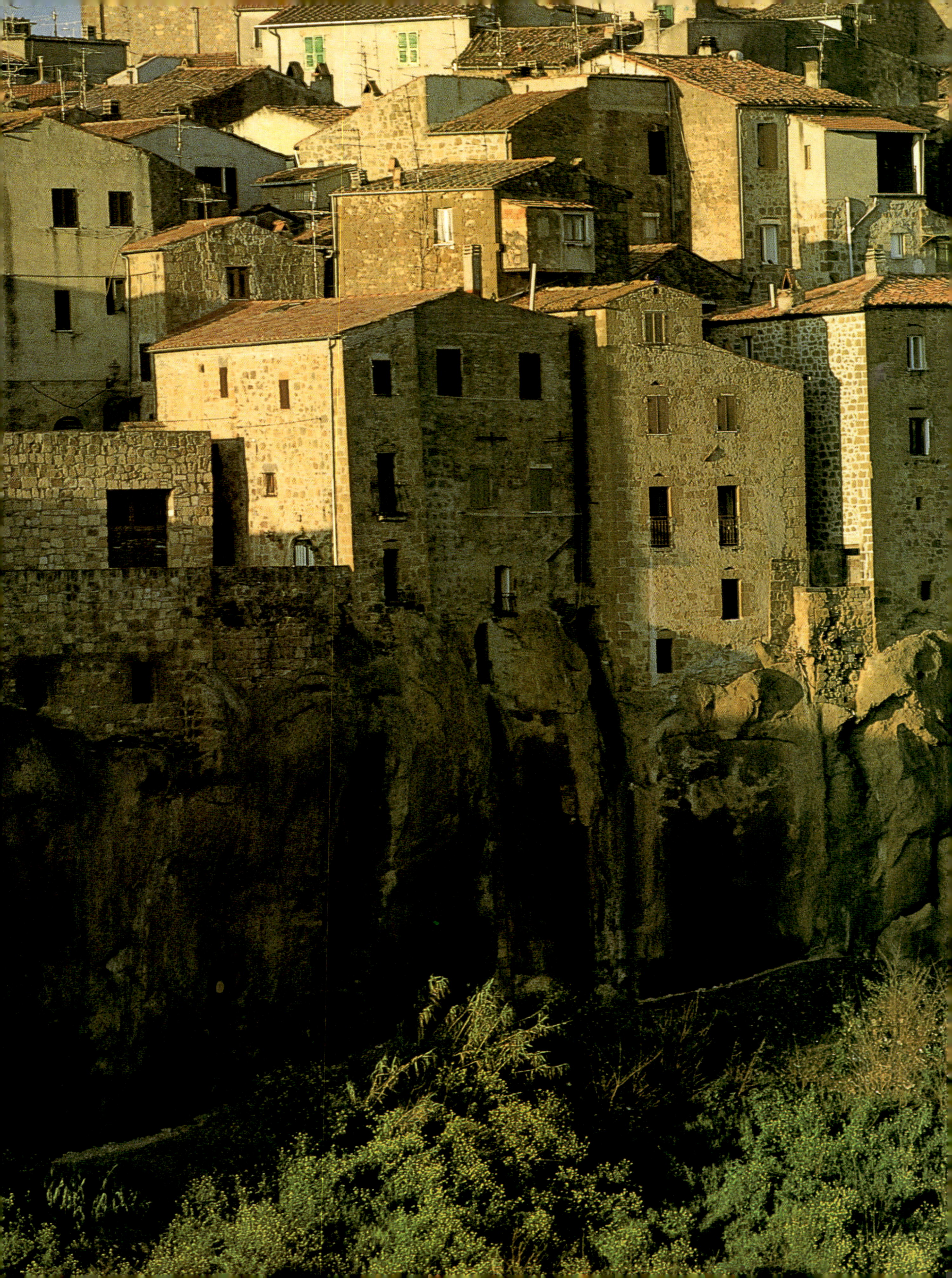

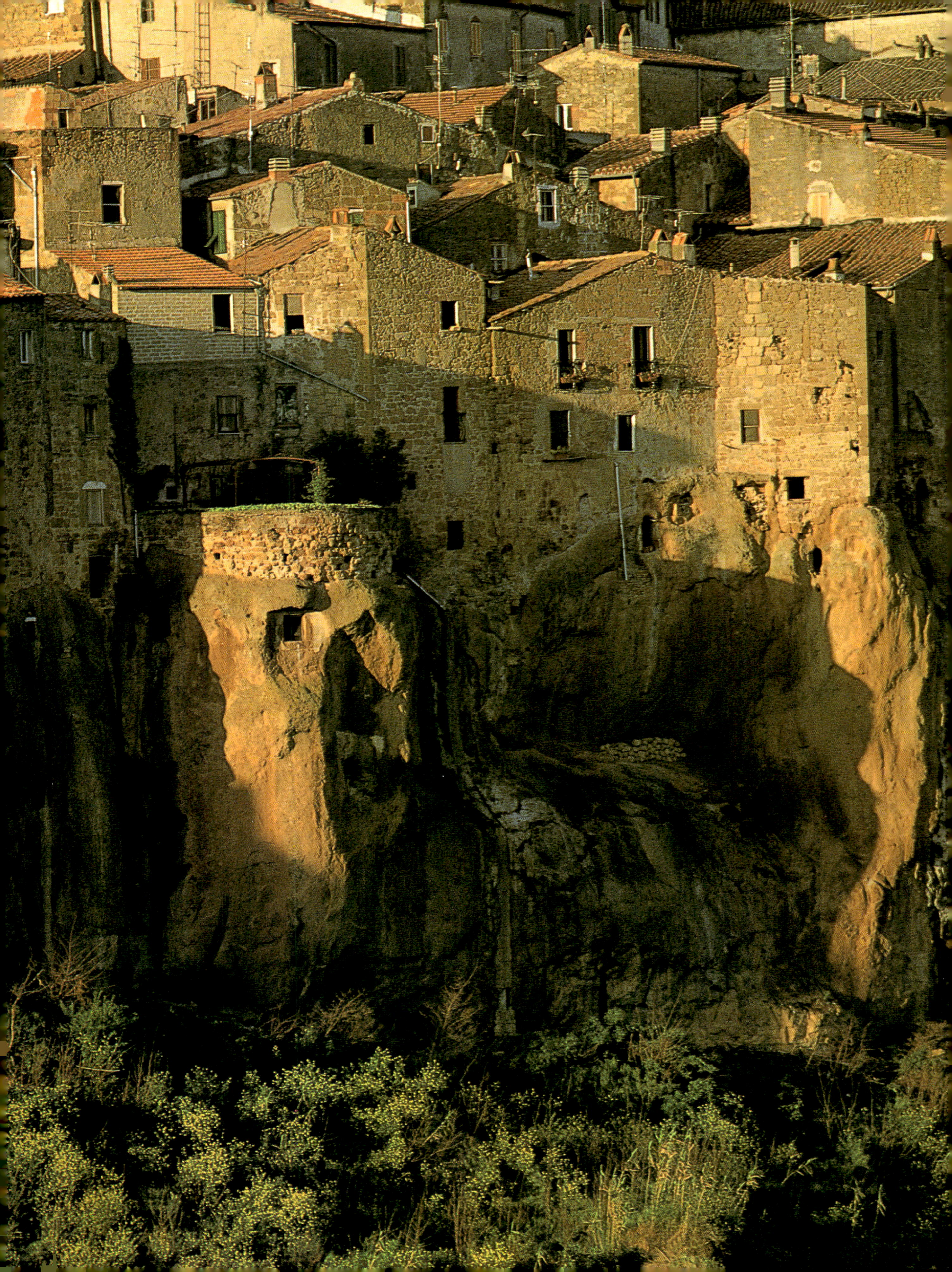

144 in alto Montepulciano è una delle più tipiche città del Cinquecento: il suo aspetto medievale venne infatti mutato radicalmente dall'opera di Antonio da Sangallo, con significativi interventi anche di Michelozzo e Vignola. Nell'immagine è riconoscibile il Palazzo del Comune, che ricalca lo stile di Palazzo Vecchio a Firenze.

144 al centro La forma attuale dell'antica Badia vallombrosana di Passignano, nei pressi di Tavernelle Val di Pesa, risale al Seicento. All'interno la chiesa è decorata da opere del Cresti, di Alessandro Allori, del Butteri e del Veli.

Il loro destino è sempre stato di combattere tra sfruttamento e desiderio, confessato o no, di restarsene in disparte, bellissime e isolate, quasi intoccabili.

Tornati alla terraferma, lontano dal mare, sulla strada verso Siena, le ricchezze del sottosuolo diventano ancora protagoniste: tra le valli del Cecina e dell'Ombrone si stendono le Colline Metallifere, con nomi che sono tutti un'evocazione di calori infernali. I soffioni luciferini di Lardarello danno al paesaggio un aspetto lunare e gli antichi erano convinti che gli sbuffi boraciferi arrivassero dritti dritti dalle profondità dell'Ade. Oggi i cilindri delle torri di refrigerazione e i condotti d'acciaio nascondono gran parte dei fenomeni naturali. Per fortuna basta poco per raggiungere Volterra, città lontana, "nido d'aquila in vertiginoso equilibrio", isolata tra le colline che nascondono tesori: rame, piombo, argento, salgemma. Era importante già per gli Etruschi, l'antica Velathri, una delle dodici lucumonie, con mura possenti e gigantesche di cui rimangono ancora alcuni tratti. Il Medioevo la vede invece abbarbicata attorno al suo castello, racchiusa attorno alla Piazza dei Priori. Ma proprio per le risorse del sottosuolo e la posizione strategica era destinata a soccombere di fronte alla potenza delle città vicine. L'ebbe vinta, come sempre, Firenze, che subito impose la sua presenza con la mole della Fortezza, adibita a prigione. Si rassegnò al suo destino, Volterra. E ancora oggi sembra aspettare che si compia il suo fato: nei dintorni, i fenomeni di smottamento delle colline, le temibili Balze, hanno già inghiottito necropoli, borghi, mura etrusche. È minacciata un'antica Badia camaldolese, quella dei Santi Giusto e Clemente, mentre un'altra, ormai abbandonata, attende la fine.

Più sereno appare il futuro del Chianti, l'essenza dell'armonia naturale dove le attività dell'uomo si sono inserite, da sempre, in una perfetta simbiosi. Le colline ondulate, segnate dai vigneti, dai campi coltivati, dalle cascine e sottolineate dai filari di cipressi, i borghi, le valli che prendono nome dai fiumi che le attraversano: un insieme che chiunque l'abbia visto, anche se solo di sfuggita, non può dimenticare, o confondere con altri.

144 in basso Su un poggio isolato sulle propaggini montuose del Chianti sorge il grandioso Castello di Brolio, sede di una delle più rinomate aziende vinicole della zona, la Ricasoli. Fu Bettino Ricasoli, studioso di problemi agricoli, a inventare la "formula" del Chianti: una miscela di Sangiovese, Trebbiano, Malvasia e Lanaiolo.

145 Nel piccolo e suggestivo centro di Collodi, dove nacque Carlo Lorenzetti, autore di Pinocchio, Villa Garzoni spicca come esempio di scenografica e ricchissima dimora nobiliare completata da un giardino iniziato alla metà del XVI secolo dal marchese Romano Garzoni e perfezionato nel XVII secolo da Ottaviano Diodati.

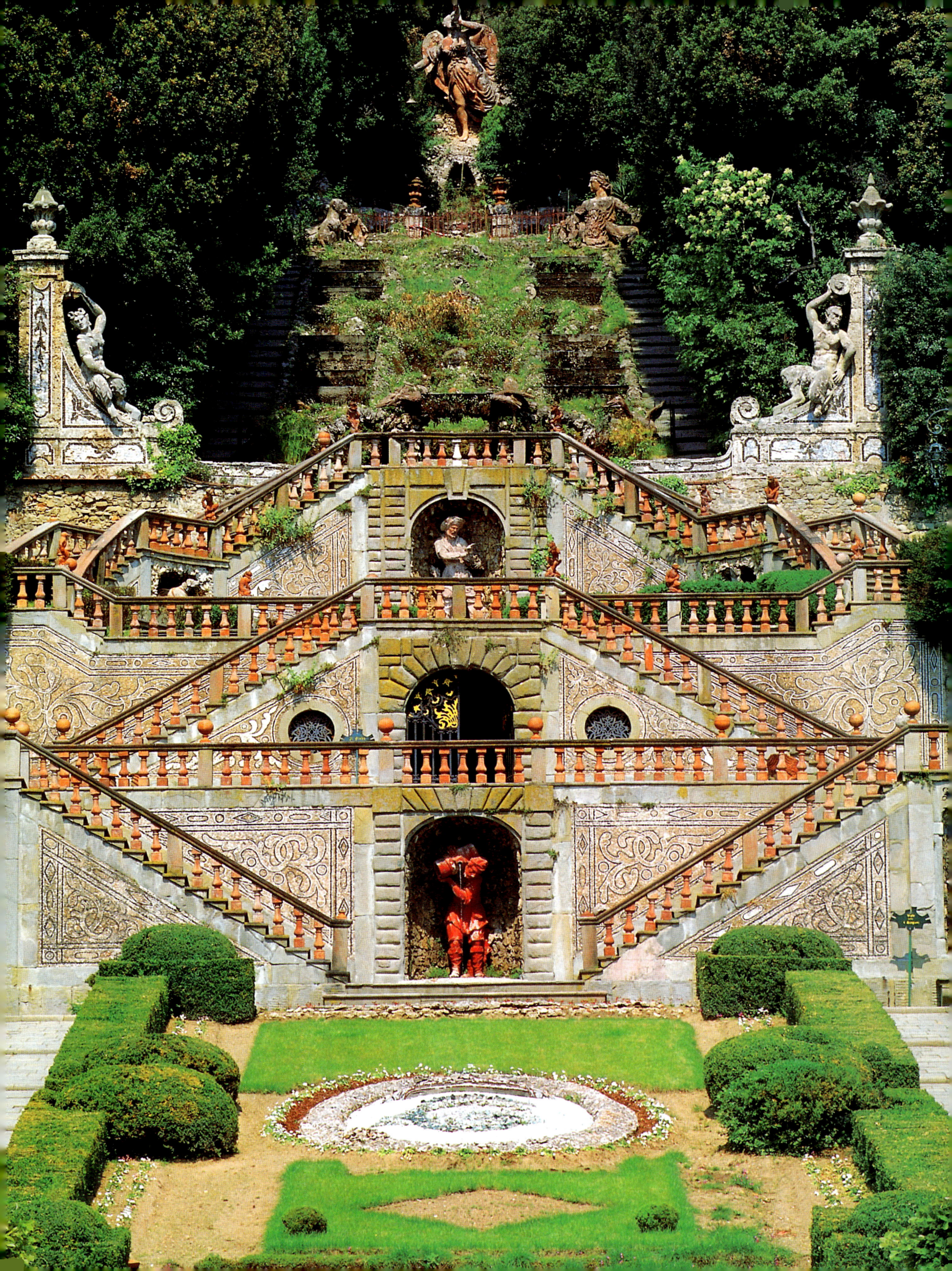

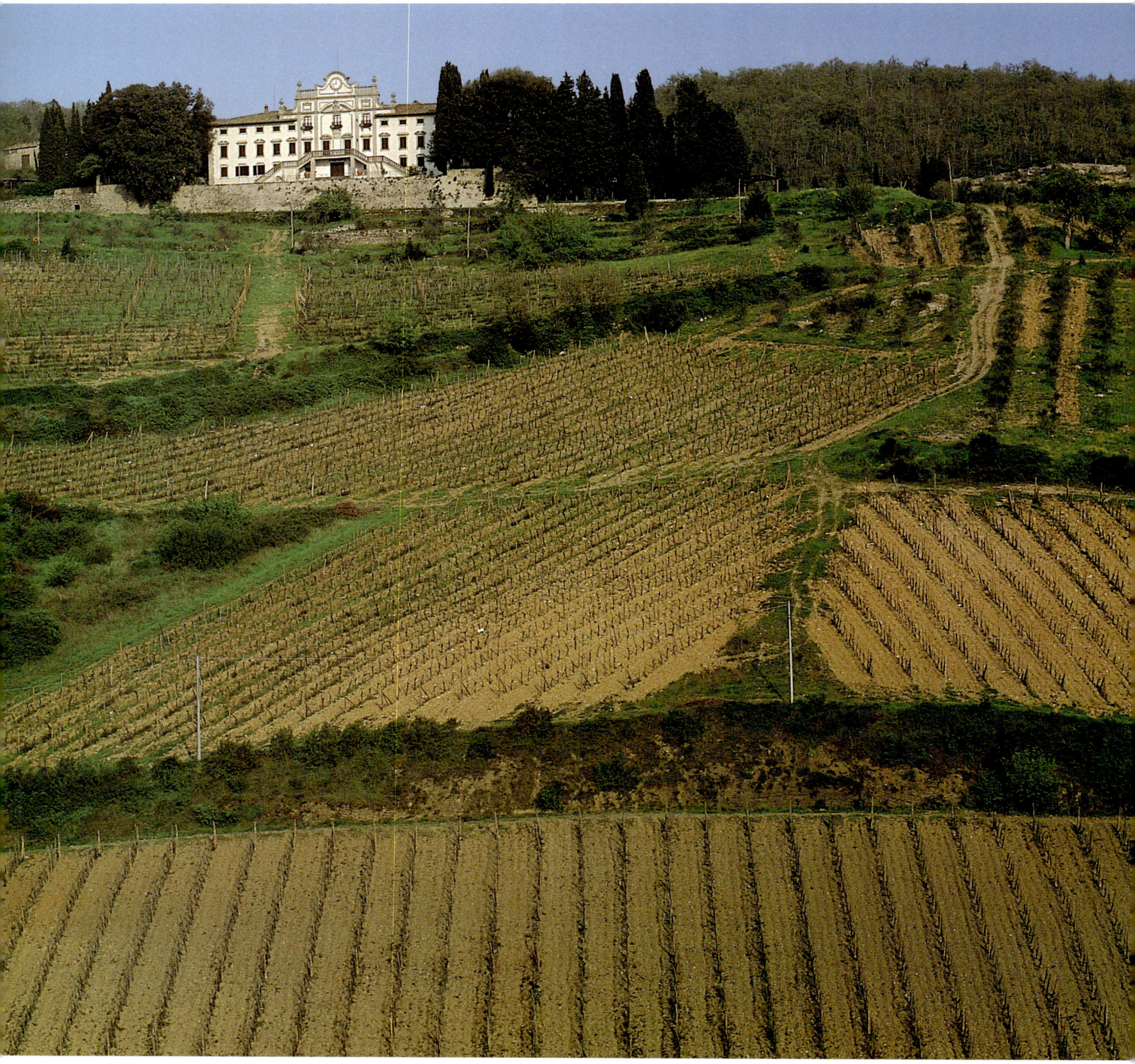

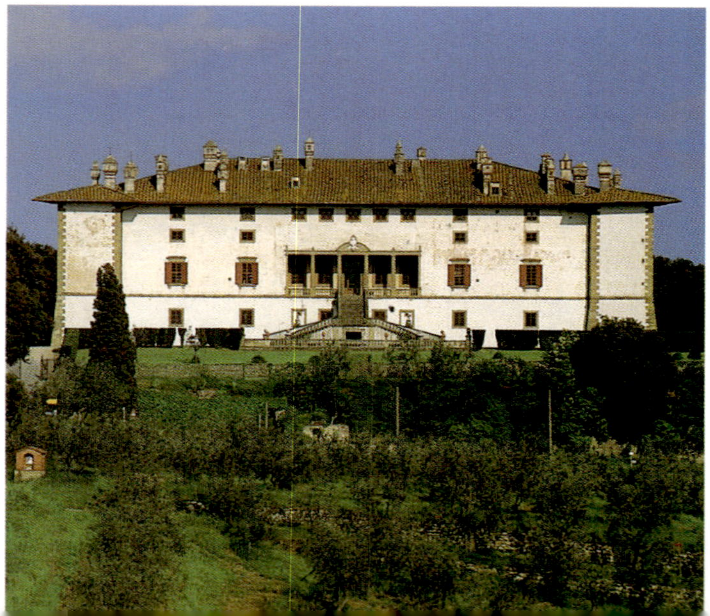

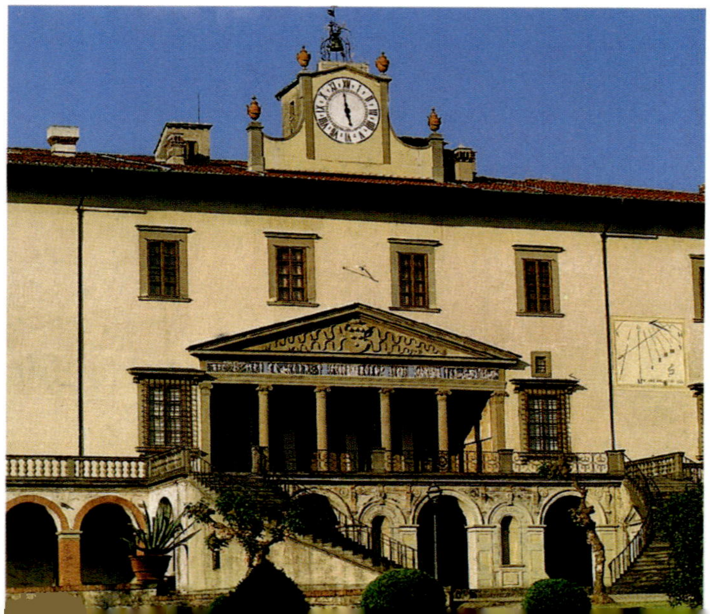

In Val di Pesa andavano a soggiornare, per la villeggiatura, i signori fiorentini e nei pressi di San Casciano, a Sant'Andrea in Percussiva, Machiavelli trovava ristoro dalle cure politiche cenando con i "notabili" del luogo: il fornaio, il notaio, il mugnaio, l'oste. Una vita semplice favorita dal bel clima, dal verde, dall'ombra dei viali di cipressi. Anche la Val d'Elsa sembra adatta agli ozi, con i suoi poggi e il profilo armonioso delle colline. Eppure non mancano i ricordi di momenti fieri e combattivi. Boccaccio, che morì qui, a Certaldo, diceva che le acque dell'Elsa avevano la proprietà di impietrire i corpi di chi si arrischiava a immergersi: comunque sia, di certo lungo il suo corso sono sorte città di pietra.

A San Gimignano, case-torri ne sono rimaste poche, rispetto alla settantina che, a quanto si diceva, la ornavano nell'epoca di maggior splendore.

Era una città ricca, sulla via Francigena, sede di grandi commerci. Nonostante la decadenza rimane uno dei luoghi della memoria, non solo per i tesori d'arte, ma per quel paesaggio perfetto, per lo sguardo che dall'alto riesce a spaziare in ogni direzione, posandosi su colline, borghi, prati. Qui non è retorica dire che il tempo ha avuto un ripensamento, indeciso se proseguire o congedarsi, immobile.

*Le due piazze triangolari, quella della Cisterna e quella del Duomo, sono gli slarghi indispensabili tra un intrico di strade e alti edifici, con in più la Collegiata (con affreschi di Benozzo Gozzoli e di Taddeo di Bartolo e con l'*Annunciazione *di Jacopo della Quercia) e il Palazzo del Podestà e due musei che raccolgono capolavori dell'arte fiorentina e senese. È il benvenuto in Val d'Elsa più suggestivo che si possa immaginare, ma non l'unico. In breve, da San Gimignano si è a Colle Val d'Elsa, altro prodotto del benessere creato dalla via Francigena, ma con una vocazione diversa. Del periodo medievale resta intatto solo un frammento, posto in alto, a contrasto con la parte più "moderna". A valle, fin dal Medioevo, una rete di gore portava l'acqua ai lanifici e alle cartiere.*

146-147 *In tutta la Toscana sono numerose le ville, di carattere rurale, come questa, nei pressi di Radda in Chianti, circondata da vigneti, o più spiccatamente nobiliari. Sono strutture inserite in modo armonico nel paesaggio di cui, nel corso del tempo, sono diventate quasi parte integrante.*

146 in basso *Ai Medici piaceva la vita tranquilla della campagna, specie se allietata da feste e da conversazioni animate. La villa di Artimino (a sinistra), opera del Buontalenti, e quella di Poggio a Caiano (a destra), di Giuliano da Sangallo, erano tra le più amate dai signori di Firenze.*

147 *Villa La Peggio, nei pressi di Grassina, venne acquistata nel 1569 da Francesco I de' Medici, ma fu il cardinale Francesco Maria, fratello del granduca Cosimo III, a renderla teatro di feste e ricevimenti esaltati dai poeti dell'epoca, come Giovanni Battista Fagioli e Francesco Redi.*

148-149 *La campagna aretina si estende tra morbidi e ondulati scenari verdi, segnati dal susseguirsi di vigneti, uliveti, aree boschive, campi coltivati e isolati casali. Un panorama che si tinge di giallo nella stagione di fioritura dei girasoli.*

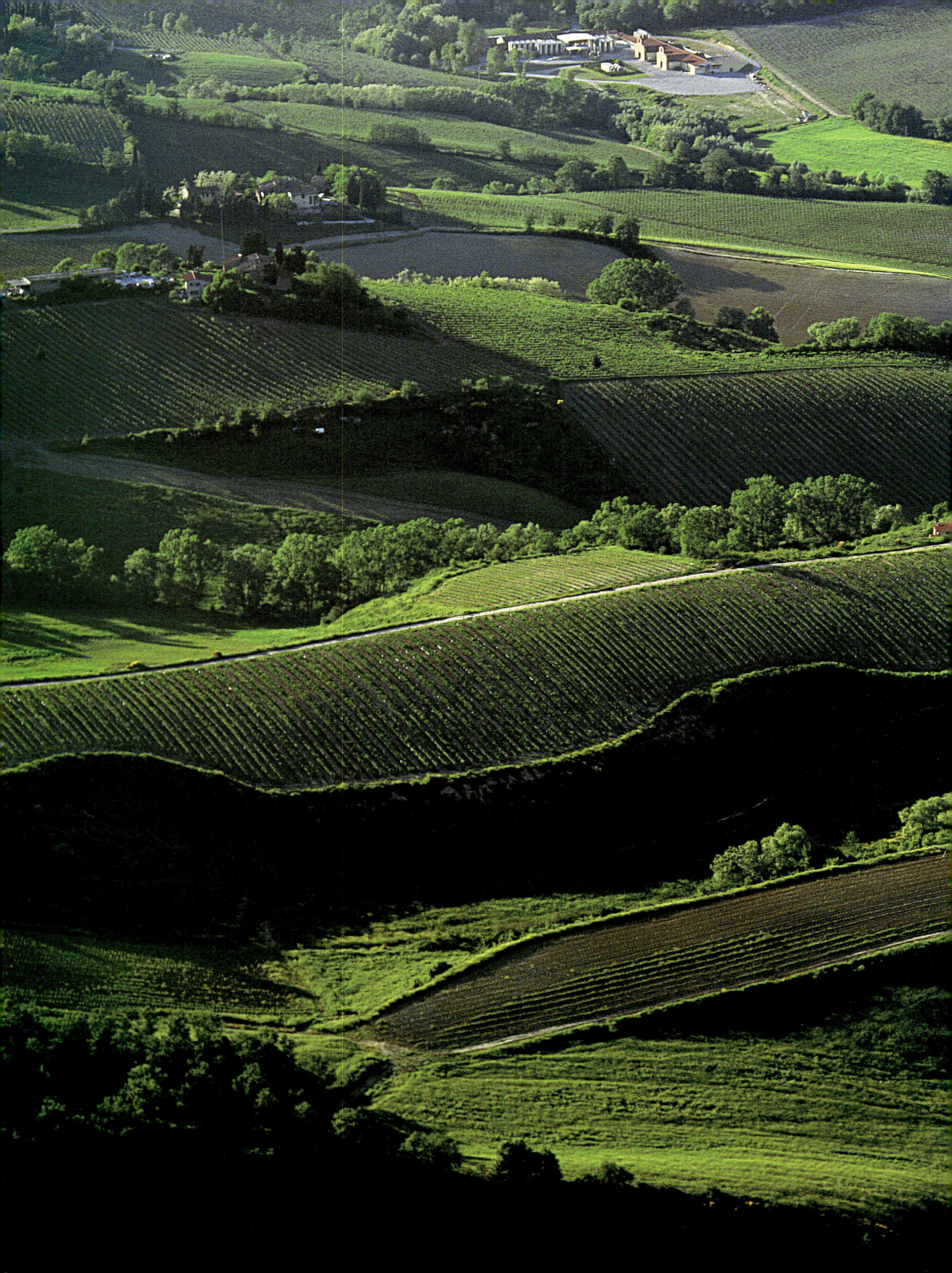

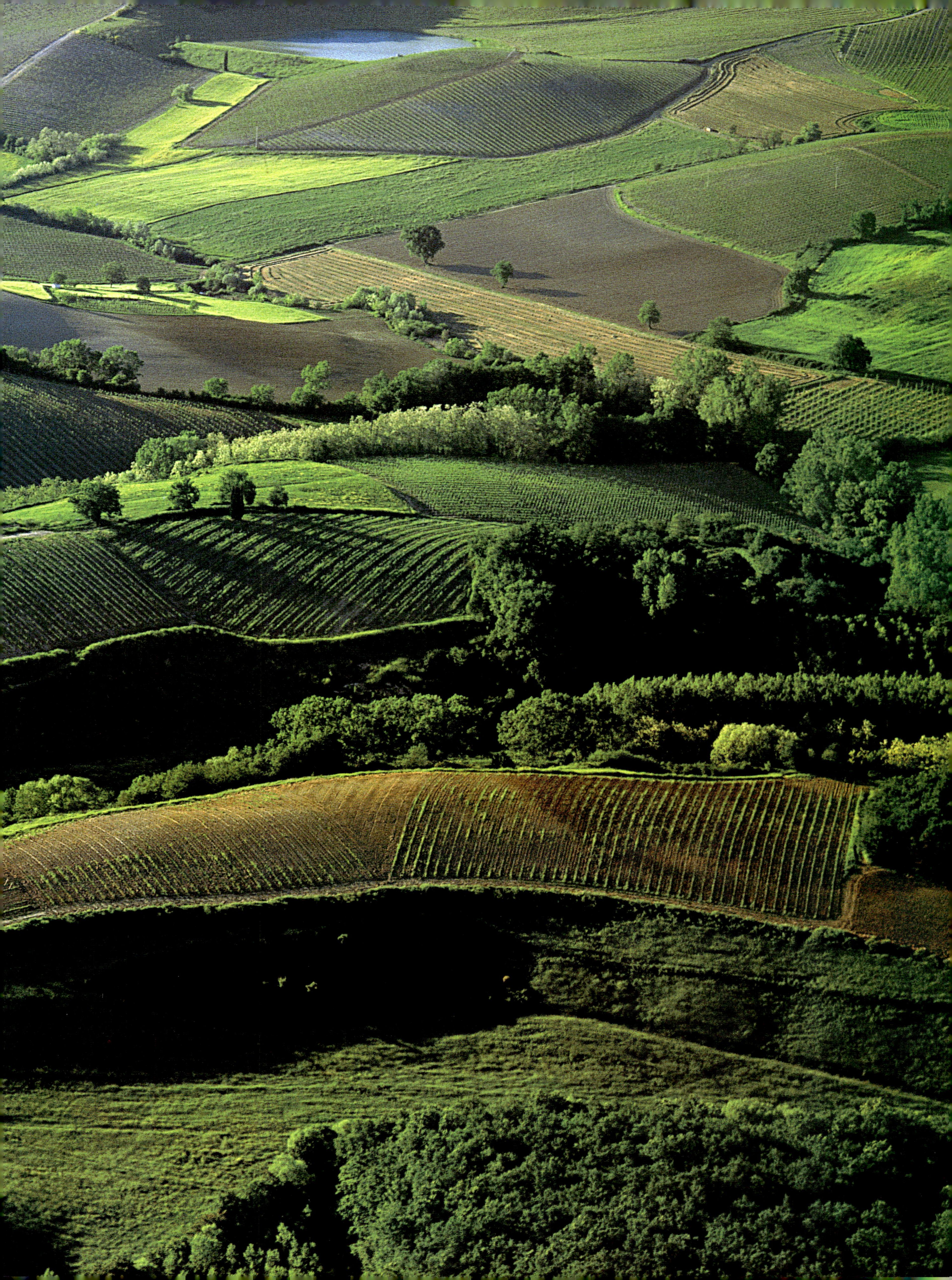

150 L'Abbazia di Vallombrosa ha origini antichissime: fu l'eremita Giovanni Gualberto, canonizzato alla fine del XII secolo, a porre la prima pietra e a fondare l'Ordine benedettino dei Vallombrosani. Dopo alterne e complesse vicende storiche, è tornata a rivivere solo negli anni successivi alla Seconda guerra mondiale.

151 Il Chianti non è solo vigneti, ma anche eremi nascosti, antiche case rurali immerse in un verde foltissimo. Qui siamo nei pressi di Castellina, tra le valli del Pesa e dello Staggia.

152-153 Le Balze di Volterra, improvvisi cedimenti del terreno argilloso, hanno inghiottito nel tempo chiese, case, conventi. Ancora oggi molti edifici storici sono minacciati, sull'orlo di una distruzione che sembra impossibile evitare.

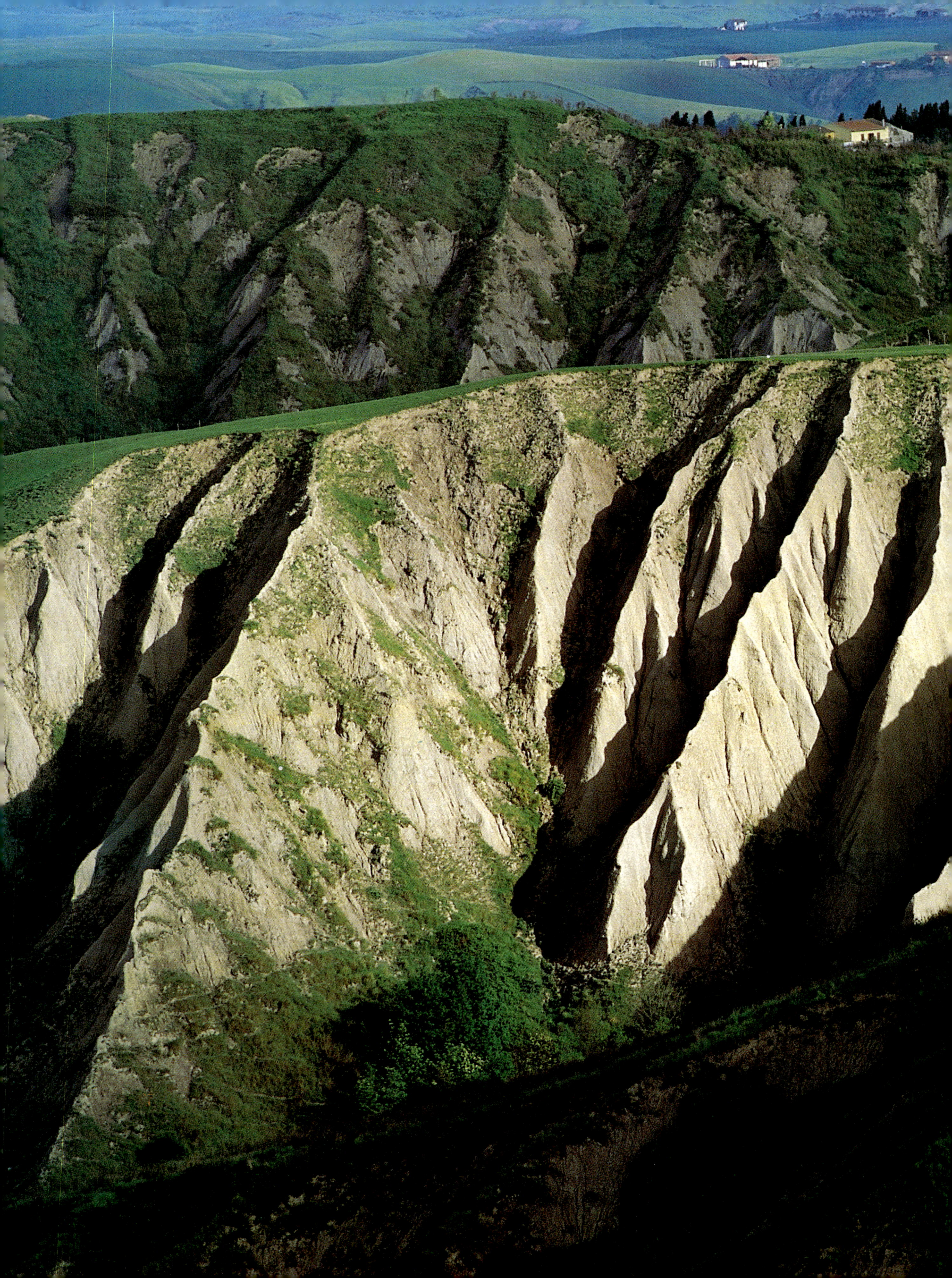

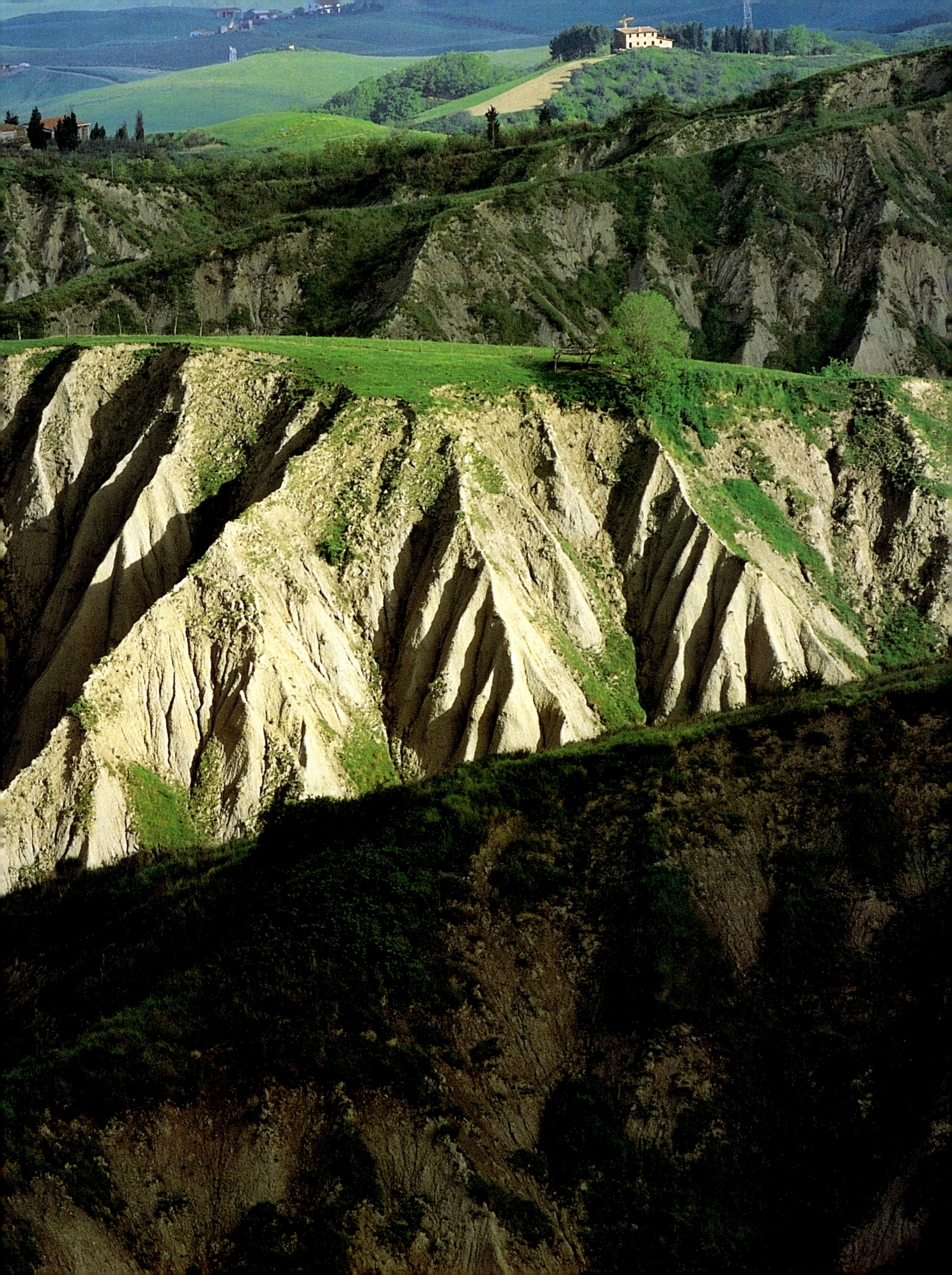

Ricca e fedele, Colle si piegò a Firenze senza troppi drammi, continuando a prosperare e arricchendosi di opere d'arte. Tutt'altro destino quello di Monteriggioni, in bilico tra la Val d'Elsa e il Chianti. Era l'inizio del XIII secolo quando i Senesi decisero di acquistare dai signori di Staggia un poggio per innalzare un fortilizio capace di intimorire gli onnipresenti Fiorentini. Per l'epoca questo era un castello grande e temibile, chiuso da un anello di pietra rafforzato da quattordici torri. E anche oggi Monteriggioni impone venerazione, così isolata e silenziosa, protetta dalla pieve romanico-gotica dedicata all'Assunta. Dall'alto si spazia sulle colline del Chianti, meravigliosa sintesi di natura e lavoro dell'uomo, dove anche le coltivazioni sembrano disposte ad arte, le residenze rurali hanno una semplicità che incanta e persino le strade hanno un tracciato lontano da quello dei rettifili anonimi. Il paesaggio è stato plasmato fin dal Medioevo, adattandosi a un terreno che non è sempre così dolce e pacifico; già nel Volterrano si erano viste le Balze, e dopo Siena le Crete mostrano a volte asprezze e scabrosità lunari. Il Chianti non è quindi quel territorio così unitario che si crede: si potrebbe definire la zona di produzione del Chianti classico, che comprende le vallate dell'Arbia, del Pesa e del Greve, fino alla Val d'Orcia. Con un segno distintivo, però: i cipressi, che punteggiano la campagna, sottolineano i crinali delle colline, compaiono nei quadri dei grandi pittori. Cipressi e vigne, rocche, castelli, borghi, pievi e abbazie: un elenco, anche ridotto, sarebbe comunque chilometrico. La suggestiva zona attorno a Sociville, per esempio. È un centro ricco di pievi, castelli, borghi e ville: sulle colline tondeggianti della Montagnola senese sorgono luoghi dello spirito come gli eremi agostiniani di Lecceto e San Leonardo al Lago, o la bella pieve romanica di Ponte allo Spino. Non distante, il Romanico è ancora esaltato nella grandiosa, solitaria e suggestiva Abbazia di Sant'Antimo, a pochi chilometri da Montalcino. Compare in fondo a una vallata come un miraggio, amorevolmente curata da cinque monaci francesi che osservano con fervore il rito gregoriano.

154 Nei pressi di Coreglia Antelminelli, rinomata località di villeggiatura della Garfagnana, sono numerosi i piccoli paesi che sembrano più vicini al passato che ai nostri tempi, circondati dal verde dei boschi.

154-155 Il torrente Turrite, in Garfagnana, lambisce il paese di Turrite Secca. Aspra e isolata, la zona riserva anche improvvise dolcezze nelle valli che si aprono verdissime tra alte montagne di rocce calcaree.

155 in basso Da Barga, il gioiello artistico della Garfagnana, lo sguardo spazia nel contado verdissimo punteggiato di rustici. Il paese conserva, tra gli altri tesori, anche la casa amata da Giovanni Pascoli, prezioso esempio di agiata vita borghese nel secolo scorso.

156-157 "La serenità dell'aria si vedeva sopra tutte le cose come una rugiada", scriveva Federigo Tozzi a proposito della campagna senese. E nulla sembra capace di turbarla.

158-159 Il campanile di Monte Oliveto Maggiore pare sorgere dalle nebbie che ammantano le colline senesi.

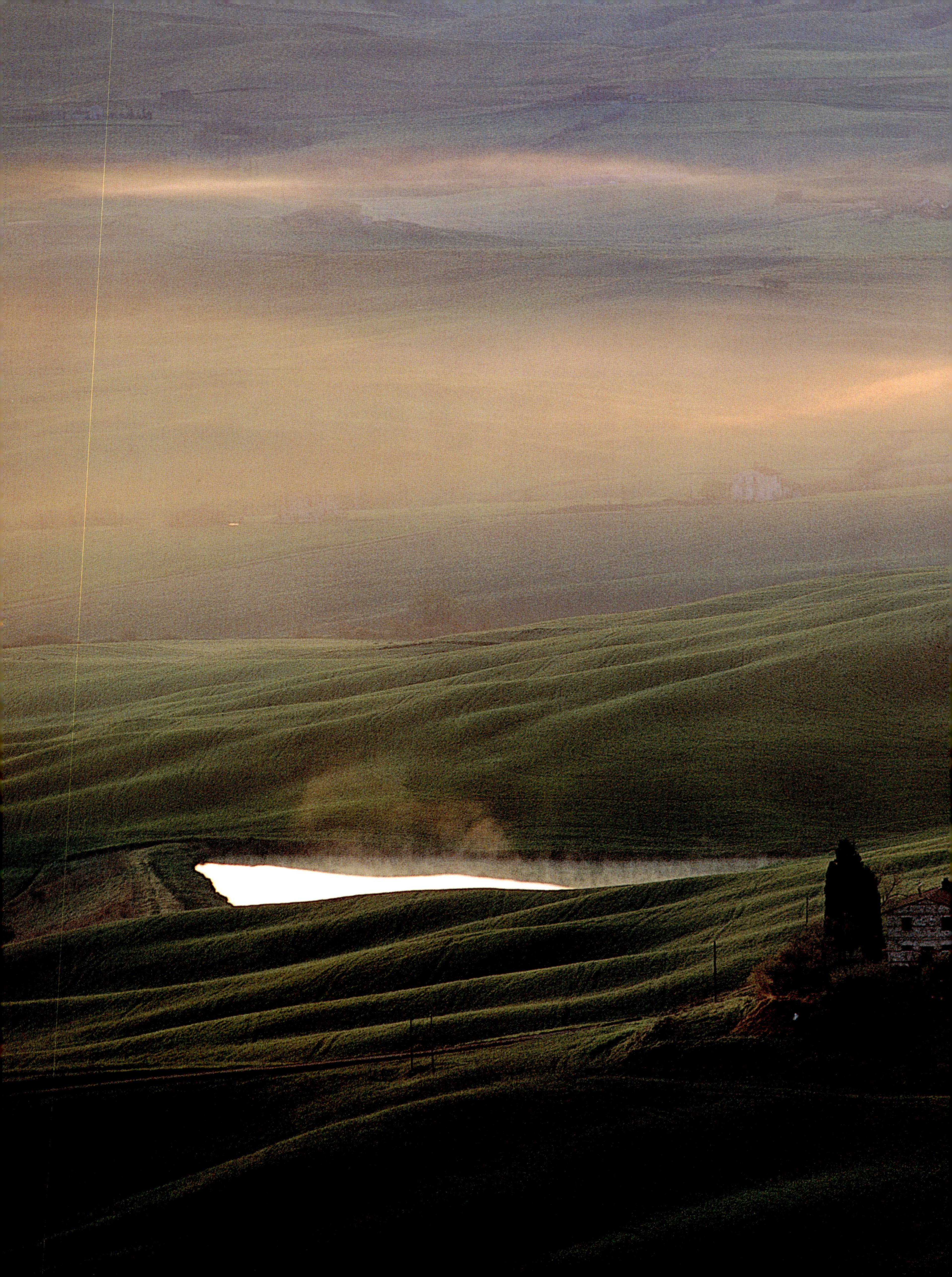

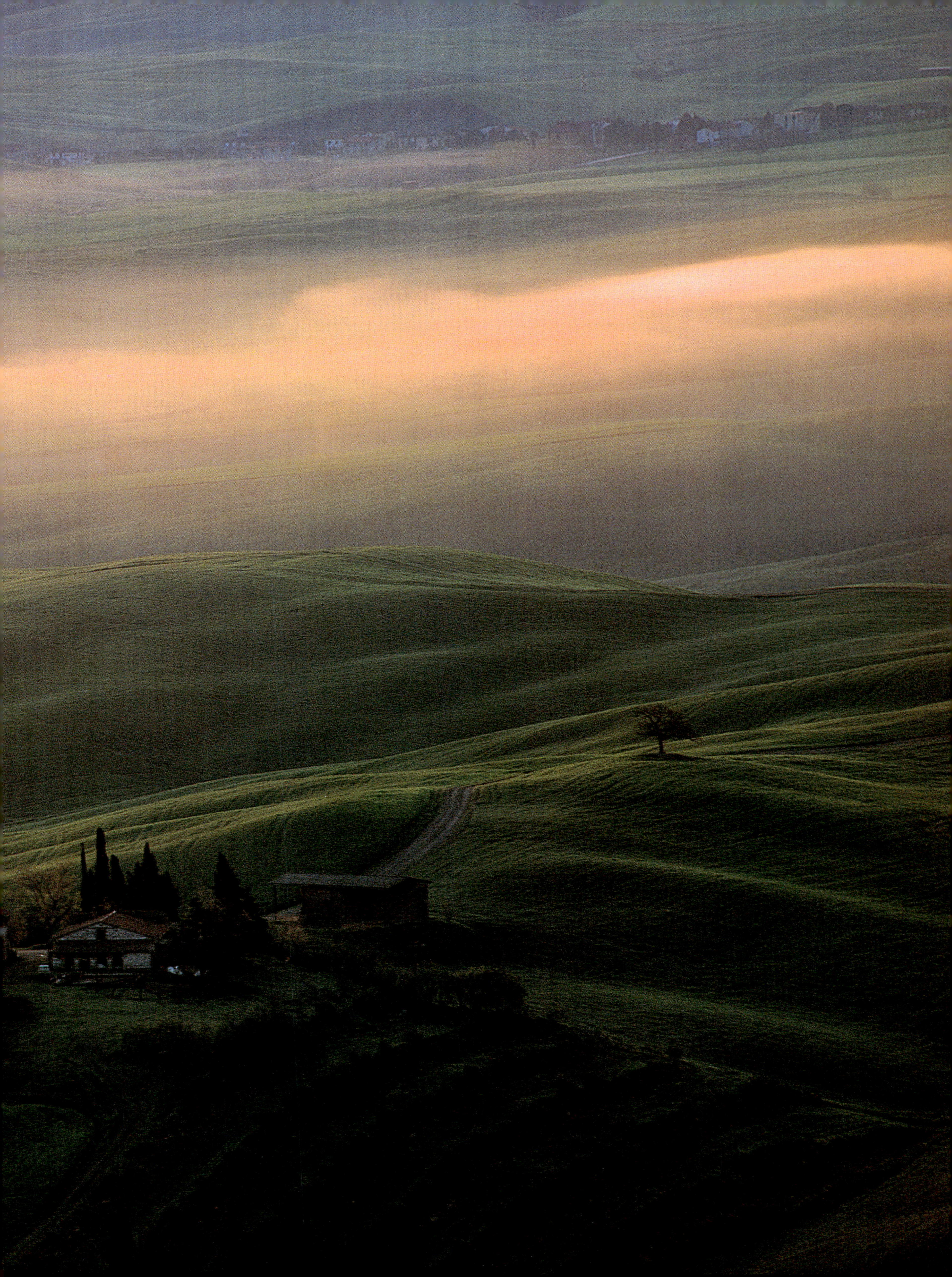

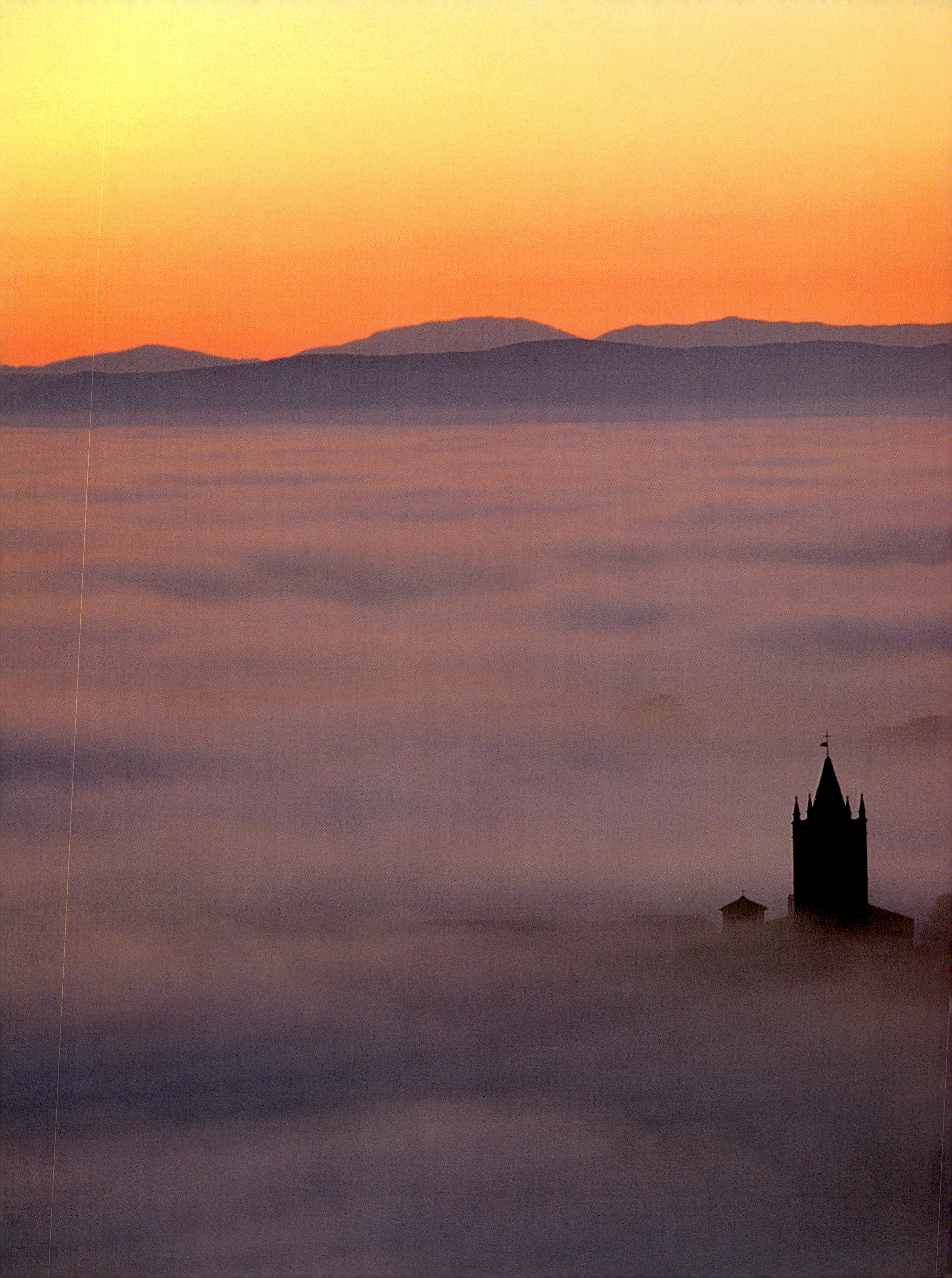

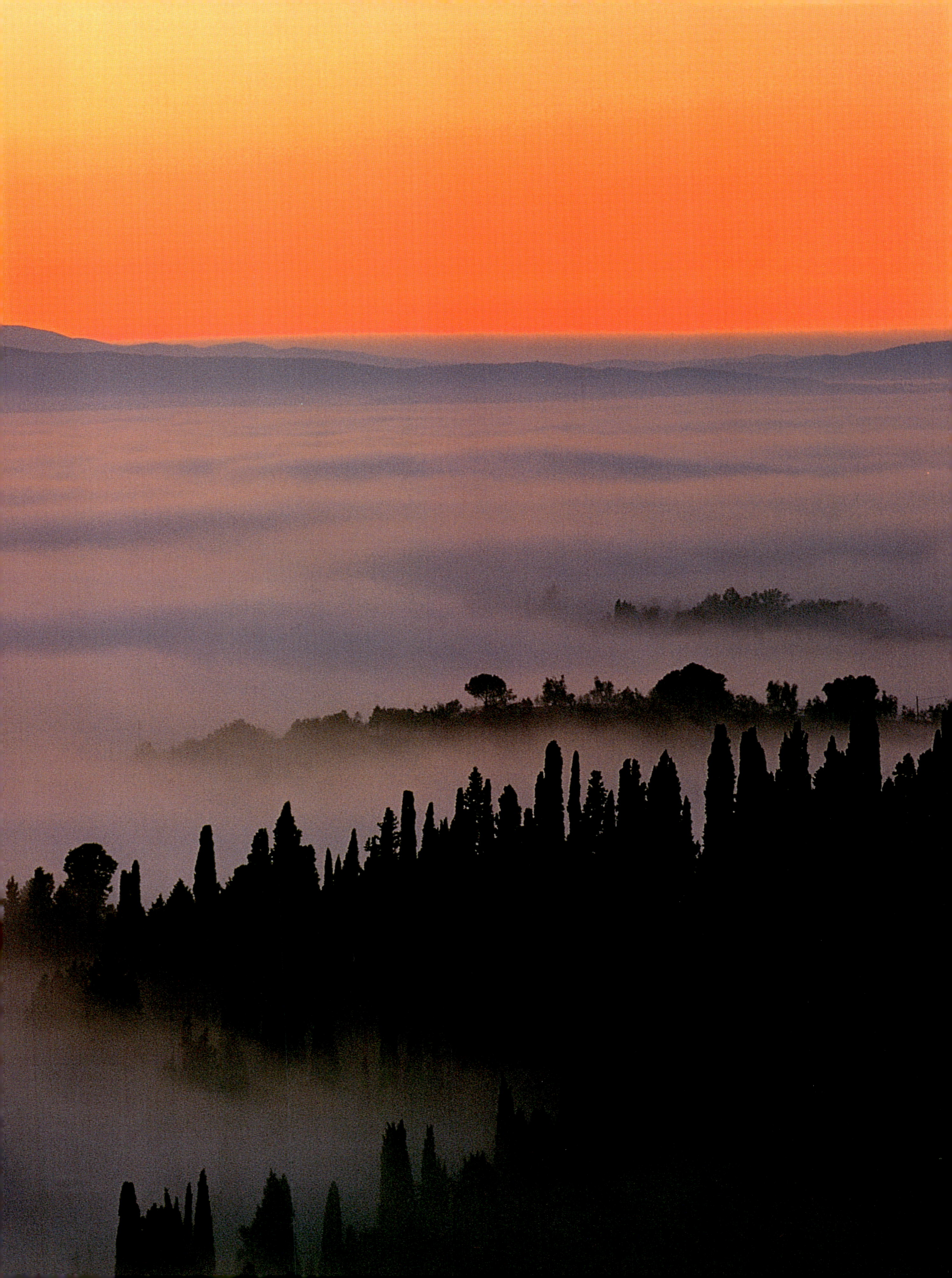

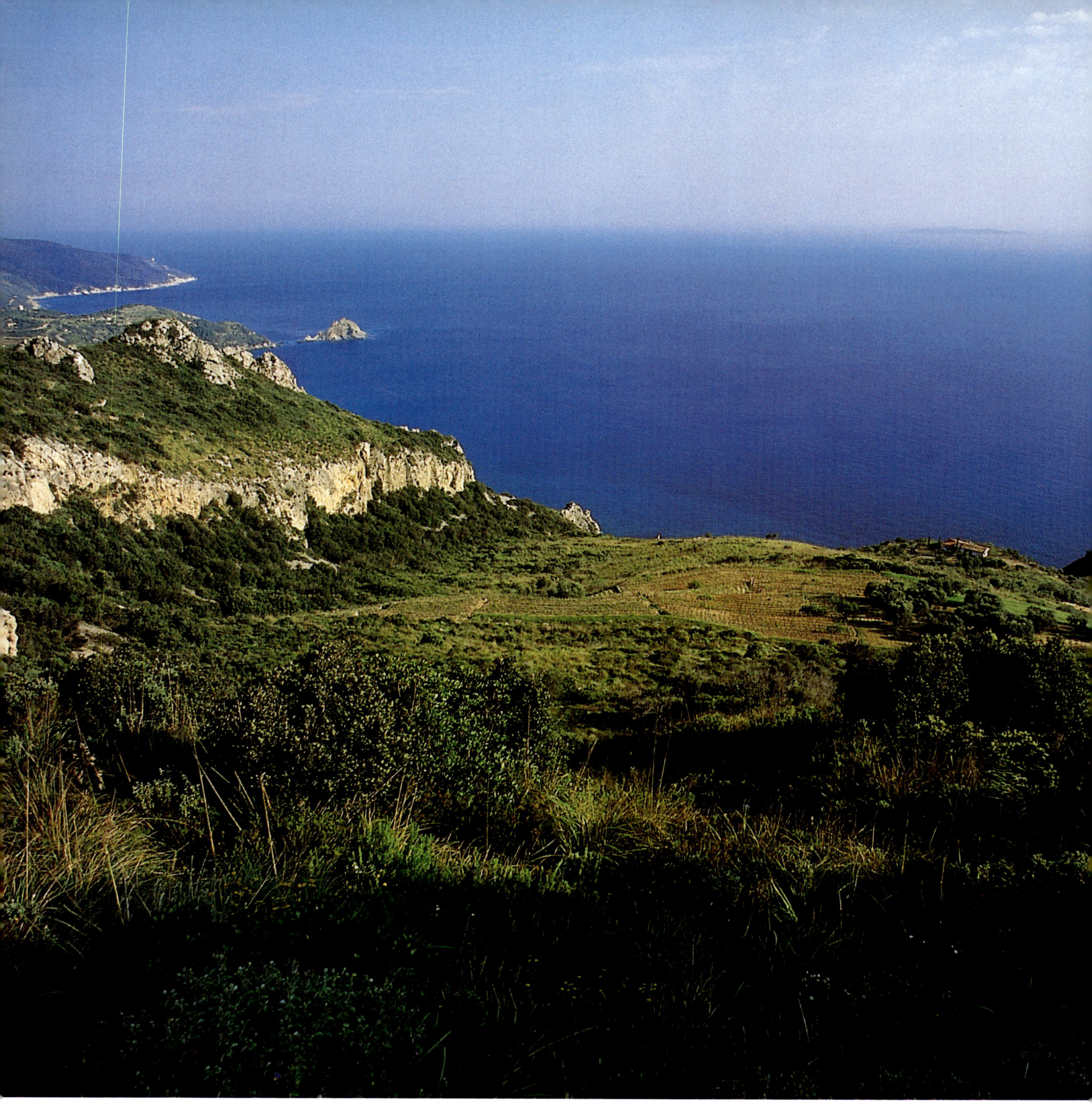
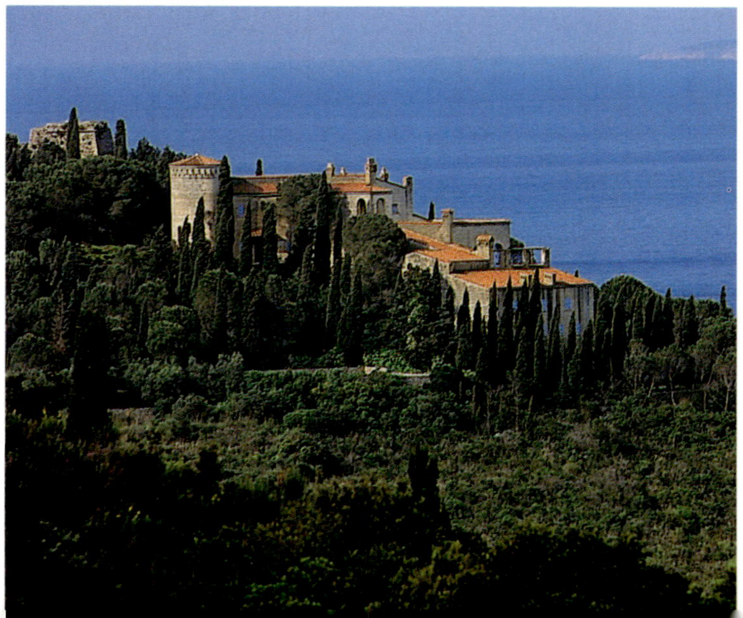
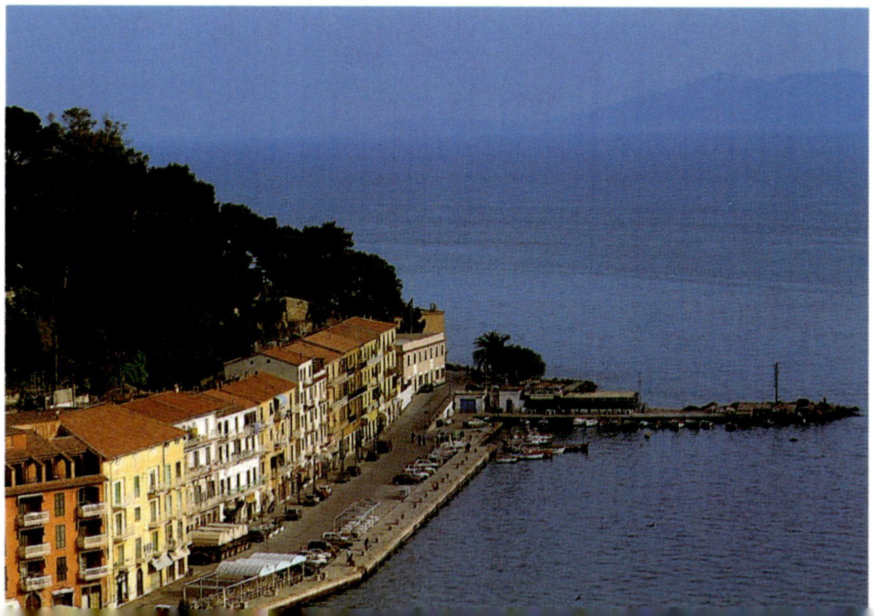

160-161 L'Argentario è meta di un turismo d'élite, ma è anche un paradiso della natura, verde nonostante la scarsità di acqua dolce, con rocce aguzze che si tuffano in un mare trasparente.

160 in basso a sinistra Le fortificazioni che punteggiano il Monte Argentario sono opera dei Pisani e dei Senesi, ansiosi di difendere l'importante promontorio dalla brama dei pirati saraceni.

160 in basso a destra Ogni anno, a Ferragosto, Porto Santo Stefano torna a rinverdire la gloria passata nel Palio Marinaro, preceduto da un grandioso corteo in abiti spagnoli. E si ricorda Nuño Orejón, il governatore spagnolo che a metà del Cinquecento trasformò il paesino marinaro in borgo fortificato.

161 Il nome di Porto Ercole deriva dal personaggio della mitologia, simbolo della forza. Oggi la baia, protetta da un promontorio, è una delle mete più incantevoli dell'Argentario, circondata da coste di incomparabile bellezza.

162-163 Portoferraio, capoluogo dell'isola d'Elba, conserva il sistema di antiche fortificazioni che testimoniano le sue origini di presidio militare, fondato da Cosimo I de' Medici nel 1548. Oggi, esaurita la sua funzione di porto metallifero dell'isola, Portoferraio rappresenta un importante polo turistico.

Chi vuole provare l'illusione di compiere un viaggio nel tempo può partecipare alle funzioni: la messa cantata domenicale è imperdibile. Altrettanto suggestive l'Abbazia di San Galgano, i cui ruderi a cielo aperto si ergono in mezzo alla campagna, e quella fortificata di Monte Oliveto, incastonata nelle Crete senesi e circondata da un mantello compatto di lecci e cipressi. Luca Signorelli ha lasciato qui un imponente ricordo della sua arte, così come il Sodoma. Ma tutto il contado è ricchissimo di testimonianze. Prima tra tutte Pienza, "nata da un pensiero d'amore e da un sogno di bellezza", come scrisse Pascoli. Fu papa Pio II, Enea Silvio Piccolomini, ad avere l'idea, geniale e folle, di trasformare il piccolo borgo di Corsignano, dove era nato, nella realizzazione di un'utopia rinascimentale, la città ideale. In soli tre anni, grazie a Leon Battista Alberti e a Bernardo Rossellino, il sogno diventò realtà: via l'impianto medievale, spazio per la cattedrale, con un interno nudo e spoglio che non turba la perfezione architettonica, e per Palazzo Piccolomini, con la loggia affacciata sulla Val d'Orcia.

Tutto questo mentre, a pochi chilometri, il Romanico e il Gotico continuavano ad avere buon gioco, come nel minuscolo, delizioso borgo di San Quirico, o a Montalcino, dove si produce il vino più blasonato e costoso, il Brunello, un nettare per pochi eletti che riconcilia con Bacco. È doverosa la visita a una cantina: i proprietari sono di solito felici di far assaggiare il frutto delle loro curatissime e preziosissime vigne.

E nelle vie del paese, di rara suggestione, abbondano le enoteche. Ogni bottiglia, ogni annata, ogni etichetta è una scoperta.

Non lontana da Montalcino, ecco un'altra piccola sorpresa, Bagno Pignoni, dove la piazza principale è una piscina termale *en plein air*: Lorenzo il Magnifico e Pio II venivano a curarsi i reumatismi qui. Il paese è stato salvato da un progetto che l'avrebbe trasformato in una specie di Disneyland per turisti, ma, come molti altri borghi toscani di incomparabile bellezza rischia, al contrario, l'abbandono.

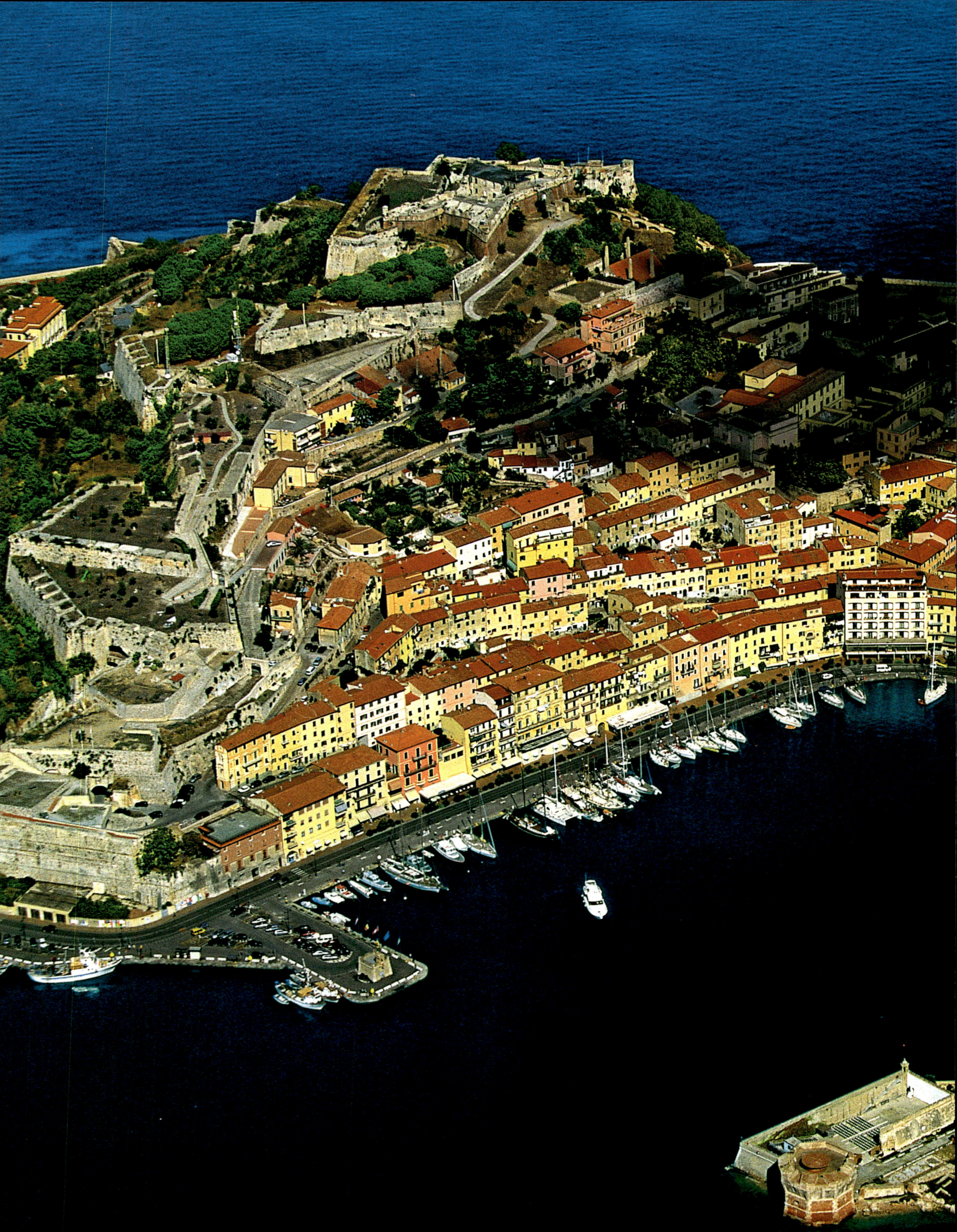

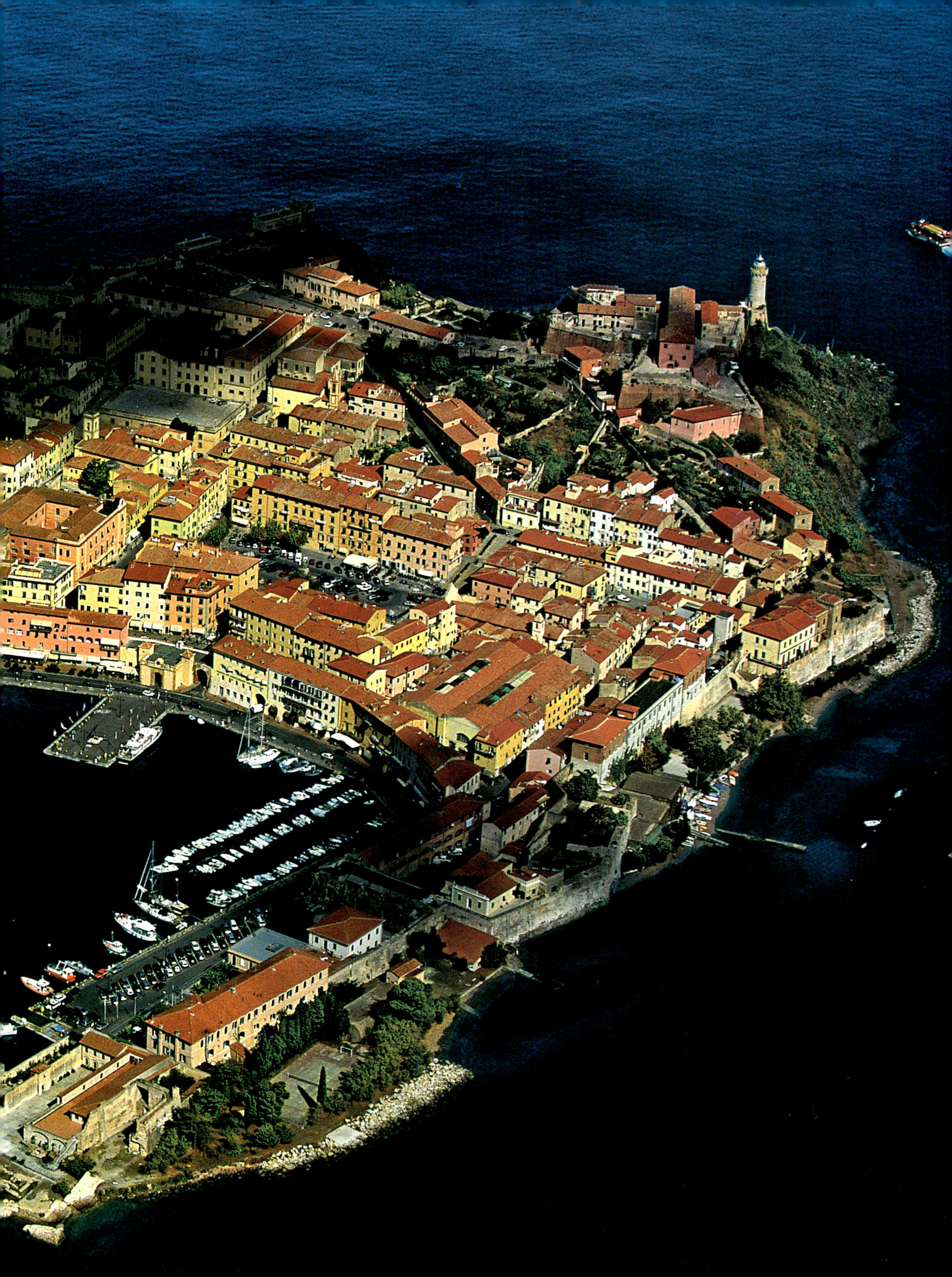

Non è il caso di Montepulciano, che grazie alla sua posizione strategica tra Repubblica Fiorentina, Stato della Chiesa e Siena, riuscì a fondere influenze artistiche fondamentali per il suo sviluppo economico e urbanistico, diventando una splendida città rinascimentale. Il simbolo è il grandioso santuario della Madonna di San Biagio, di Antonio da Sangallo il Vecchio, situato su un poggio dove, secondo la leggenda, la Vergine si manifestò a due bambine e a un pastorello, nel 1518. Ma il nome di Montepulciano è conosciuto in tutto il mondo anche grazie al Nobile, uno dei sette vini italiani a Denominazione di Origine Controllata e Garantita. Dalla ricchezza e dalle colline del Chianti il passo verso la Maremma, terra amarissima, bistrattata e spesso dimenticata, non è lungo. Si deve superare però il monte Amiata, il Monte delle Caverne, come lo chiamavano i Romani per la configurazione porosa e per l'abbondanza di sorgenti. Sorge isolato: un vulcano spento dove i depositi quaternari dei gusci silicei delle diatomee permettono l'estrazione della farina fossile, il "latte di luna". E, nelle sue viscere, il mercurio. L'acqua che sgorga, invece, alimenta Siena, Grosseto, tutta la Toscana meridionale, fino a Viterbo. Una manna per la Maremma con quella "capitale", Grosseto, che è un po' la cenerentola delle città toscane, oscurata persino dalla vicina Massa Marittima. E questo nonostante la presenza delle maestose mura bastionate, un complesso monumentale che ha riservato a Grosseto l'epiteto di "Piccola Lucca". Un onore, per una città che in passato, prima delle bonifiche, era considerata così poco attraente che essere costretti ad abitarci era una specie di punizione. Forse non si sa che fino al secolo scorso gli uffici pubblici della "provincia inferiore di Siena" venivano, in estate, trasferiti a Scansano. Era l'estatura, misura prudenziale per evitare che i bravi funzionari finissero vittime della malaria. E in epoca più antica ancora, i galeotti potevano scegliere: la prigionia al Maschio di Volterra, oppure i lavori in Maremma, liberi di morire di paludismo. Poi bombardamenti, ricostruzioni che, nel giro di poche generazioni, hanno aumentato di quindici volte le dimensioni originarie.

164 Giannutri, la più meridionale delle isole dell'Arcipelago Toscano, conserva le notevoli vestigia di una grande villa romana che forse appartenne alla famiglia dei Domizi Enobarbi. Anche il fondo marino ha rivelato la presenza di resti romani sotto l'acqua trasparente.

164-165 L'Elba, la più grande delle isole dell'Arcipelago Toscano, è stata degli Etruschi, dei Greci, dei Romani, dei Longobardi, prima di passare alla Repubblica di Pisa: un destino determinato dalla sua bellezza, dalla sua posizione strategica, ma anche dalle notevoli risorse naturali.

165 in basso a sinistra Sull'isola del Giglio la macchia mediterranea cresce rigogliosa sulle rocce, alternate a minuscole spiagge di sabbia.

165 in basso a destra Lontana dalla costa, e anche per questo scelta come bagno penale, Capraia, insieme alla Gorgona, attirò gli strali di Dante, irato contro i Pisani che ne erano signori.

166-167 L'isola di Capraia è di estremo interesse geologico, costituita per lo più da rocce vulcaniche, con colate di andesite, tufi, brecce, rocce basaltiche. Il suo nome deriva dalle capre selvatiche che la popolavano.

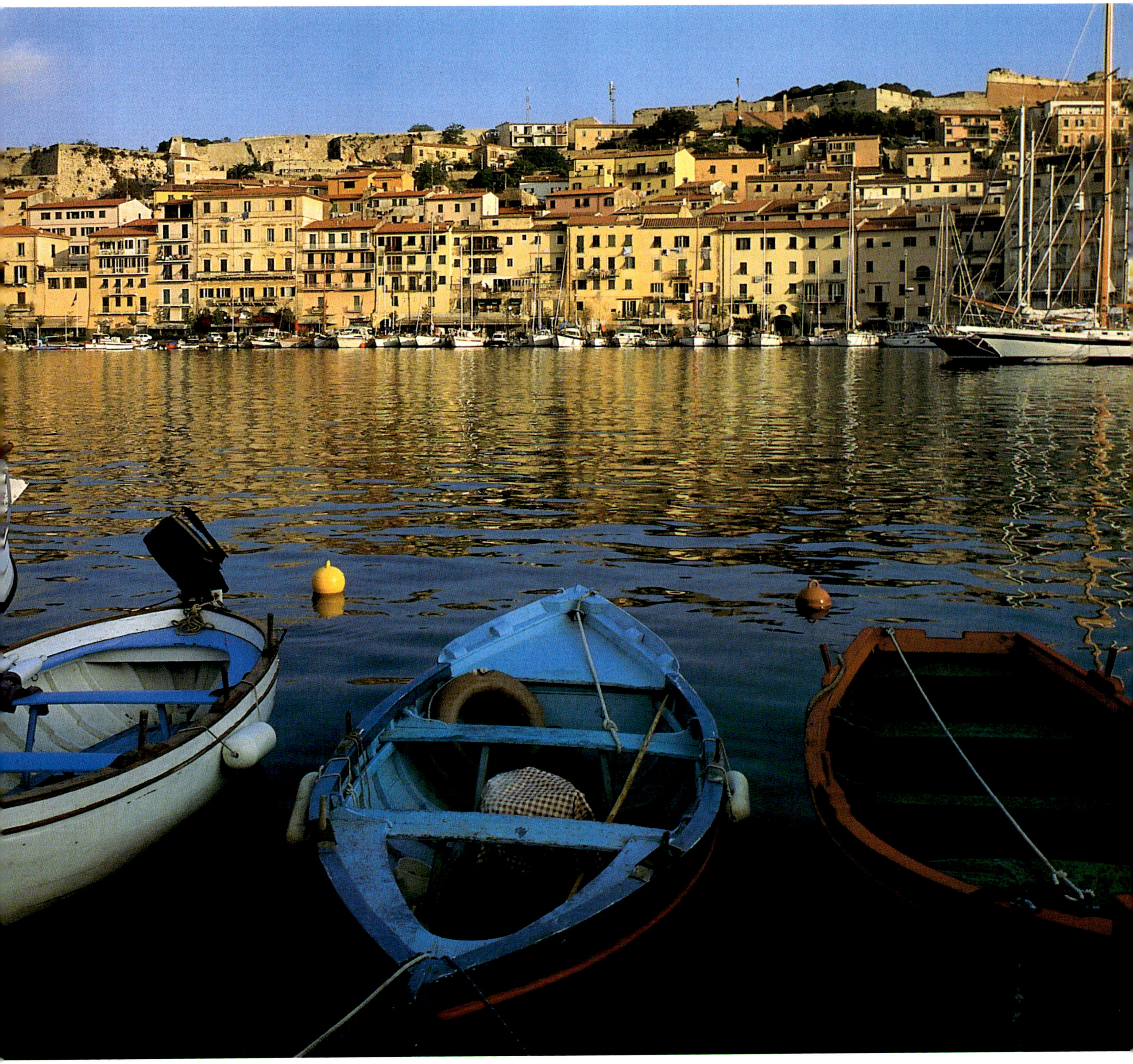

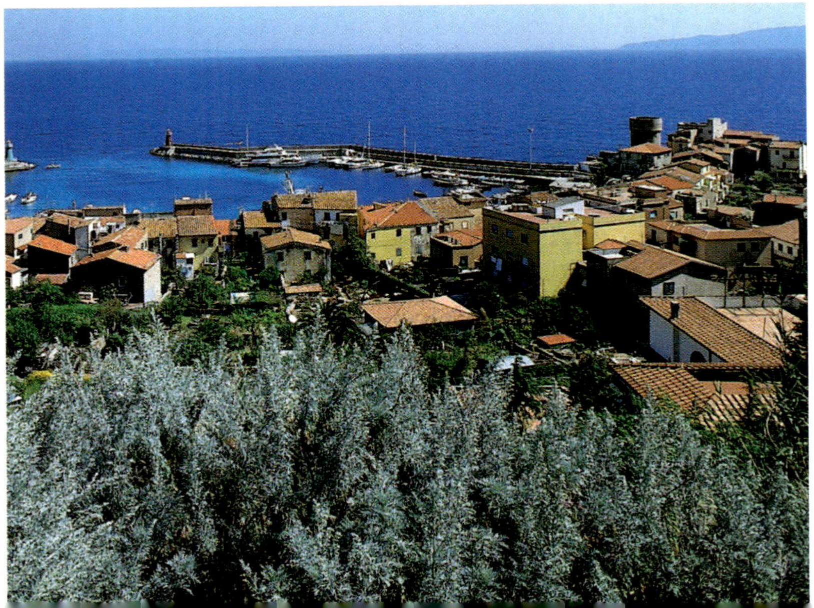

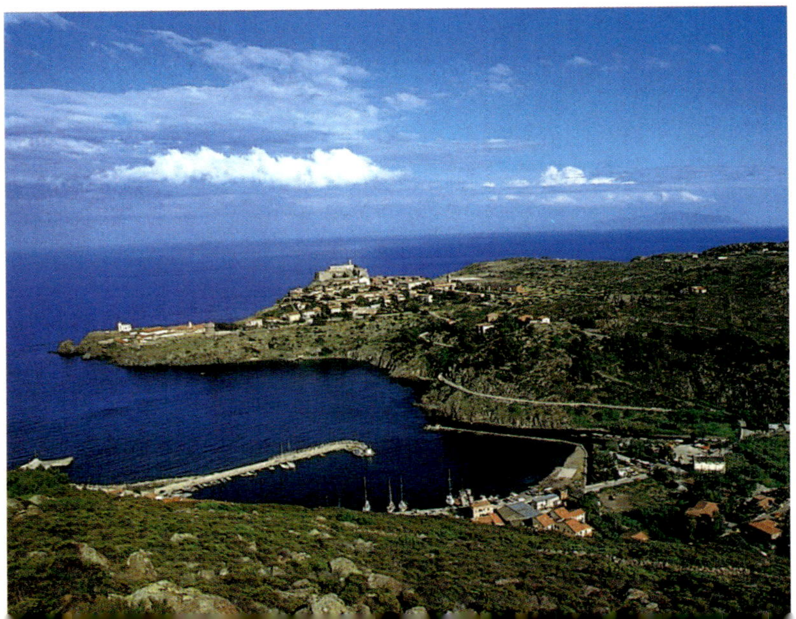

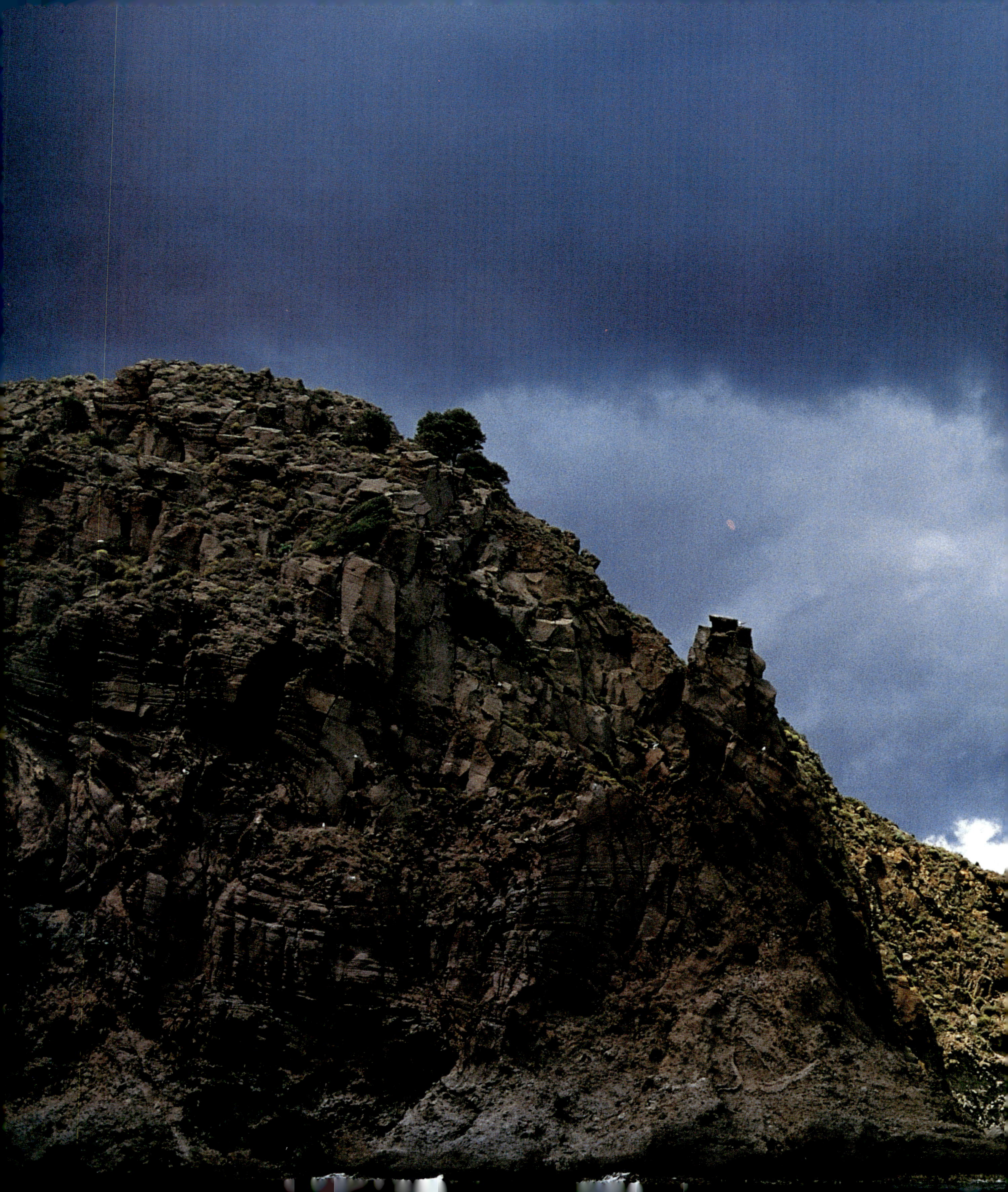

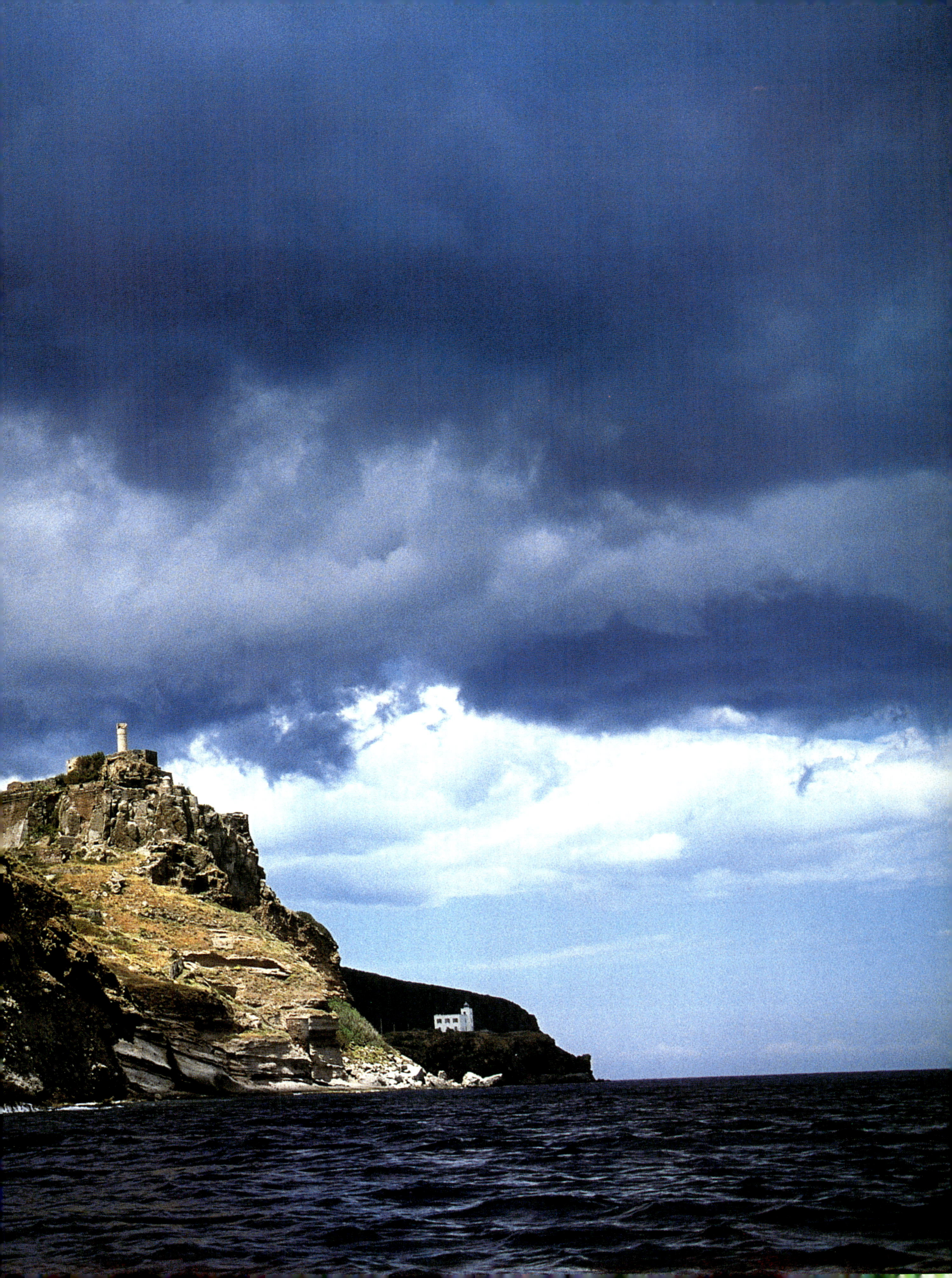

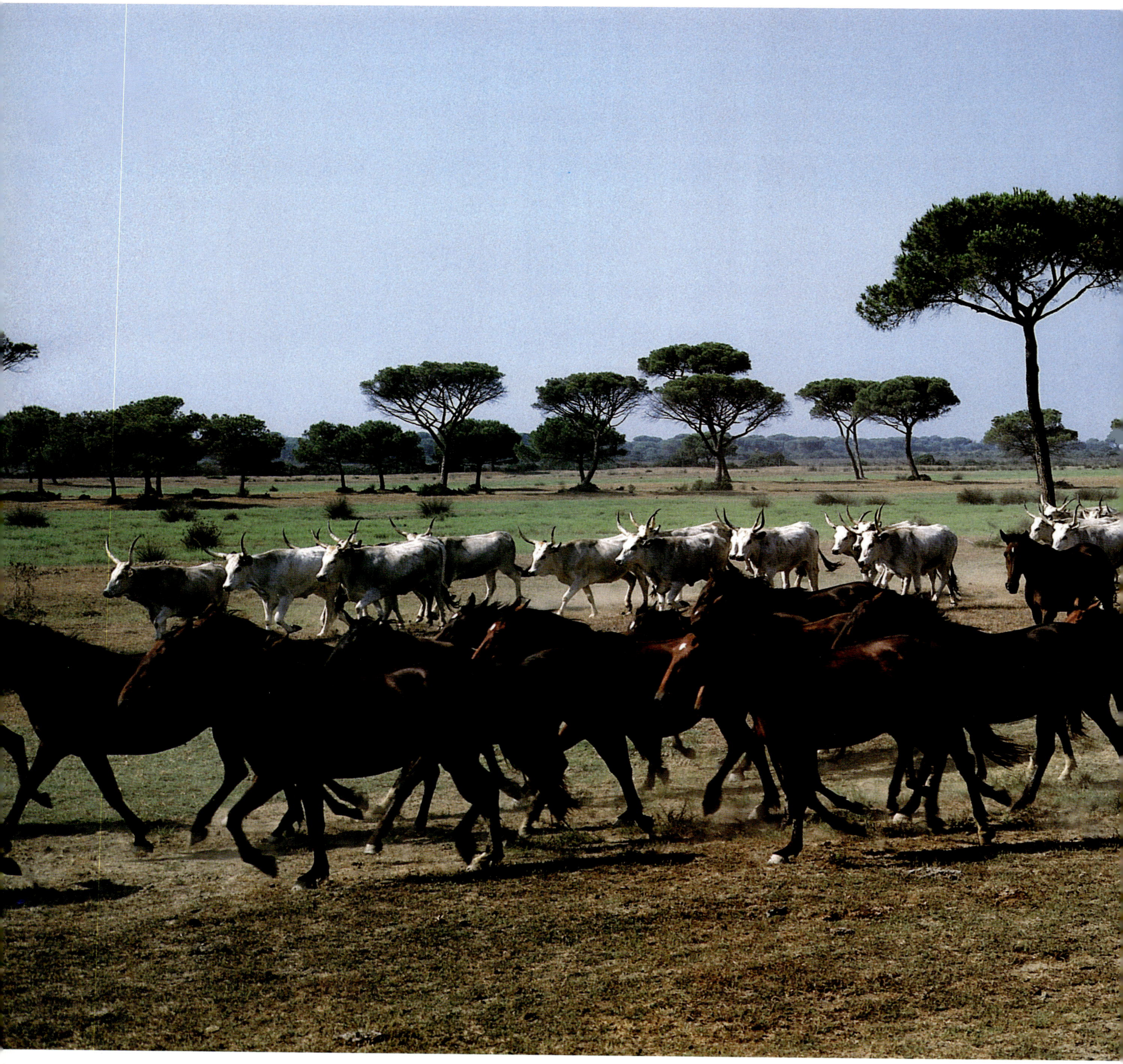

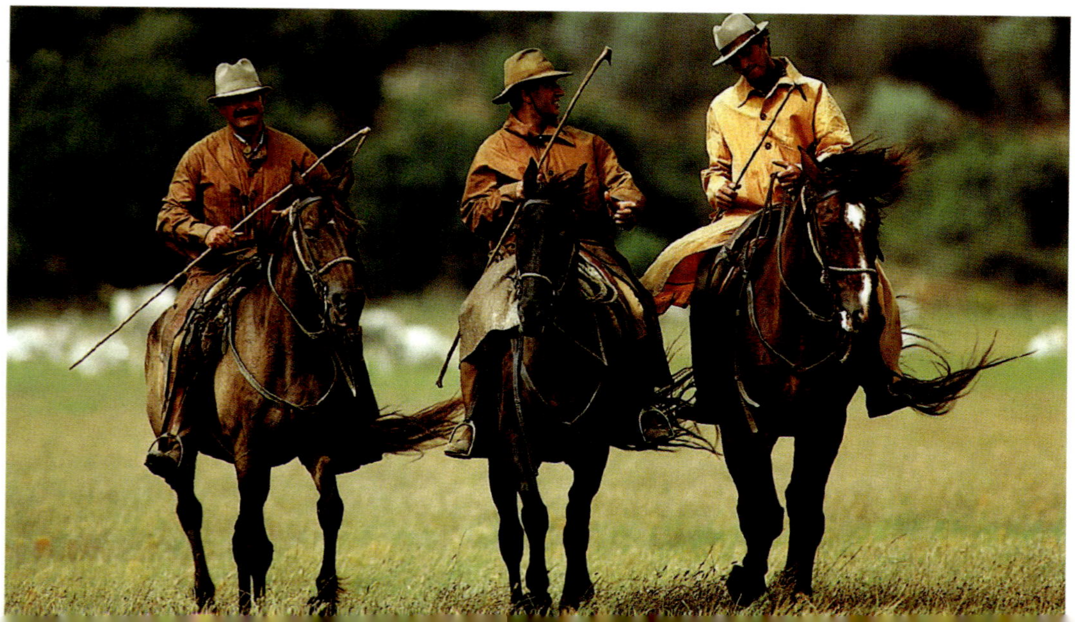

168 e 169 Sono i cowboy, i gaucho d'Italia: i butteri. Quasi inseparabili dal loro cavallo e dalle mandrie che governano, erano i re della Maremma, condannati a un lavoro durissimo, in balia del clima estremo e soprattutto della malaria, piaga di queste zone fino al secolo scorso. Il mestiere sopravvive e nelle fiere di paese, o al tempo della marcatura del bestiame, ci si accorge che i butteri hanno sempre la stessa tempra rude che, all'inizio del Novecento, li vide vincere la sfida contro il leggendario Buffalo Bill, in tournée in Italia.

170 in basso Nell'intrico di vegetazione che caratterizza il Parco Naturale della Maremma regna ancora il cinghiale, signore della macchia. Accanto a lui si trovano anche gli ultimi esemplari di gatto selvatico e inoltre, istrici, linci, fagiani, volpi, donnole.

Varrebbe la pena di fermarsi, almeno un po' anche se solo per i ruderi che testimoniano il susseguirsi di padroni e popoli: le mura etrusche, la basilica romana, la cattedrale paleocristiana. Sarebbe poi consigliabile una passeggiata nell'anello verde ricavato, nella prima metà dell'Ottocento, dalla cinta fortificata, punto d'unione ma anche di eterna separazione tra la Grosseto umile e poco amata delle estature e quella di oggi, fatta di palazzoni e architetture disordinate. Doveva essere ben diversa la Maremma di un tempo, collegata all'Amiata solo da due strade, segnata da due maledizioni opposte, la siccità e l'acqua stagnante, e oggi guarita, risanata, meta di un turismo d'élite. A dire il vero, il turismo disdegna l'interno, con l'eccezione di Capalbio, buen retiro di intellettuali e politici. Eppure questa non è terra solo di butteri e piane riarse, ma di vestigia etrusche: Populonia, Roselle, Vetulonia, Saturnia, solo per citare i centri più noti. E se l'incuria dell'uomo ha prodotto immani disastri, tuttavia le tombe a tumulo e a edicola, gli interni, il circondario conservano una suggestione infinita. E poi le città d'arte, come Pitigliano e Sorano, le città del tufo, che sotto la dominazione degli Orsini ebbero maestose e possenti fortificazioni e soprattutto Sovana, con la necropoli e la tomba Ildebranda. Si lascia la Toscana con due oasi protette. Il Parco Naturale della Maremma, istituito nel 1975, si stende per una ventina di chilometri sulla costa, da Tombolo a Talamone, e rappresenta l'occasione perfetta per conoscere la Maremma primigenia. Un polmone verde, ma non solo: le antiche torri di avvistamento, i resti del monastero di San Rabano, le tenute dove gli eredi dei butteri continuano ad allevare bestiame e cavalli, raccontano un territorio vivo, dove l'uomo opera a contatto e in simbiosi con la natura. E ancora natura all'Oasi di Orbetello, che è laguna salmastra, dune ricoperte da una rigogliosa macchia mediterranea, stagni d'acqua dolce, boschi. Qui nidificano il cavaliere d'Italia, la garzetta, e talvolta il fenicottero, e si possono scorgere i nidi del gruccione. Al tramonto le dune si colorano di rosso, e per dormire ci si rifugia all'Argentario, nel bellissimo borgo di Porto Ercole. È l'occasione per un ultimo saluto all'arte: nella chiesa parrocchiale, sotto la rocca, è sepolto il Caravaggio, che da lontano, dopo una vita avventurosa, venne a chiudere i suoi giorni nell'ultimo lembo di Toscana, patria di tutti gli artisti.

170-171 La Pineta di Alberese era, un tempo, un feudo senese adibito a salina. Solo dopo le bonifiche vennero piantati i pini domestici e i pini marittimi, che prosperarono rapidamente: oggi si contano circa 80.000 piante, separate dal mare solo da una sottile striscia di sabbia.

171 in basso Nel Parco della Maremma, per salvaguardare i cervi e gli altri animali selvatici, è fatto divieto di abbandonare i sentieri segnalati.

172-173 La foce dell'Ombrone è l'ultimo baluardo delle paludi che un tempo hanno determinato la fama della Maremma come terra di lutti e malattia.

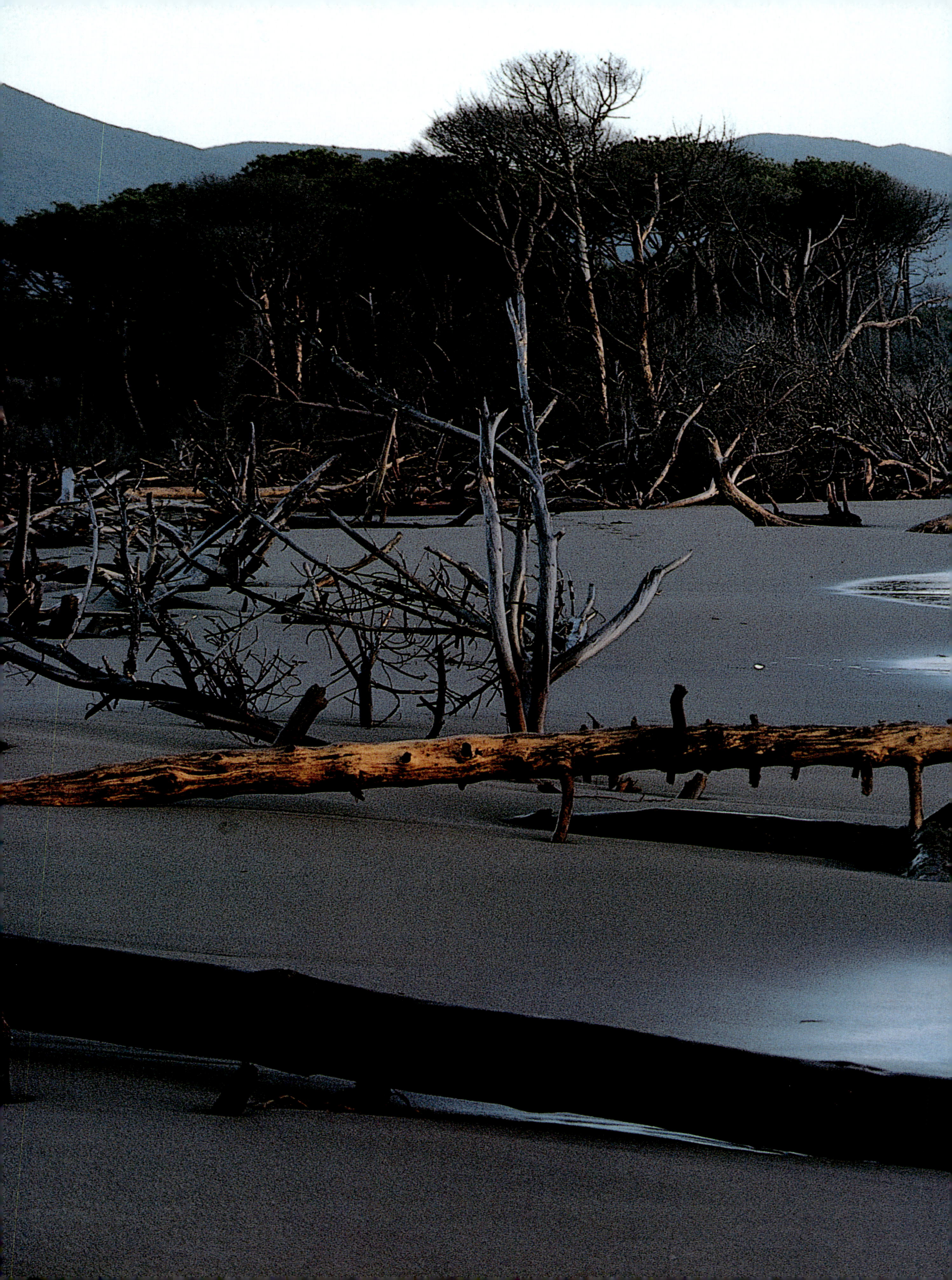

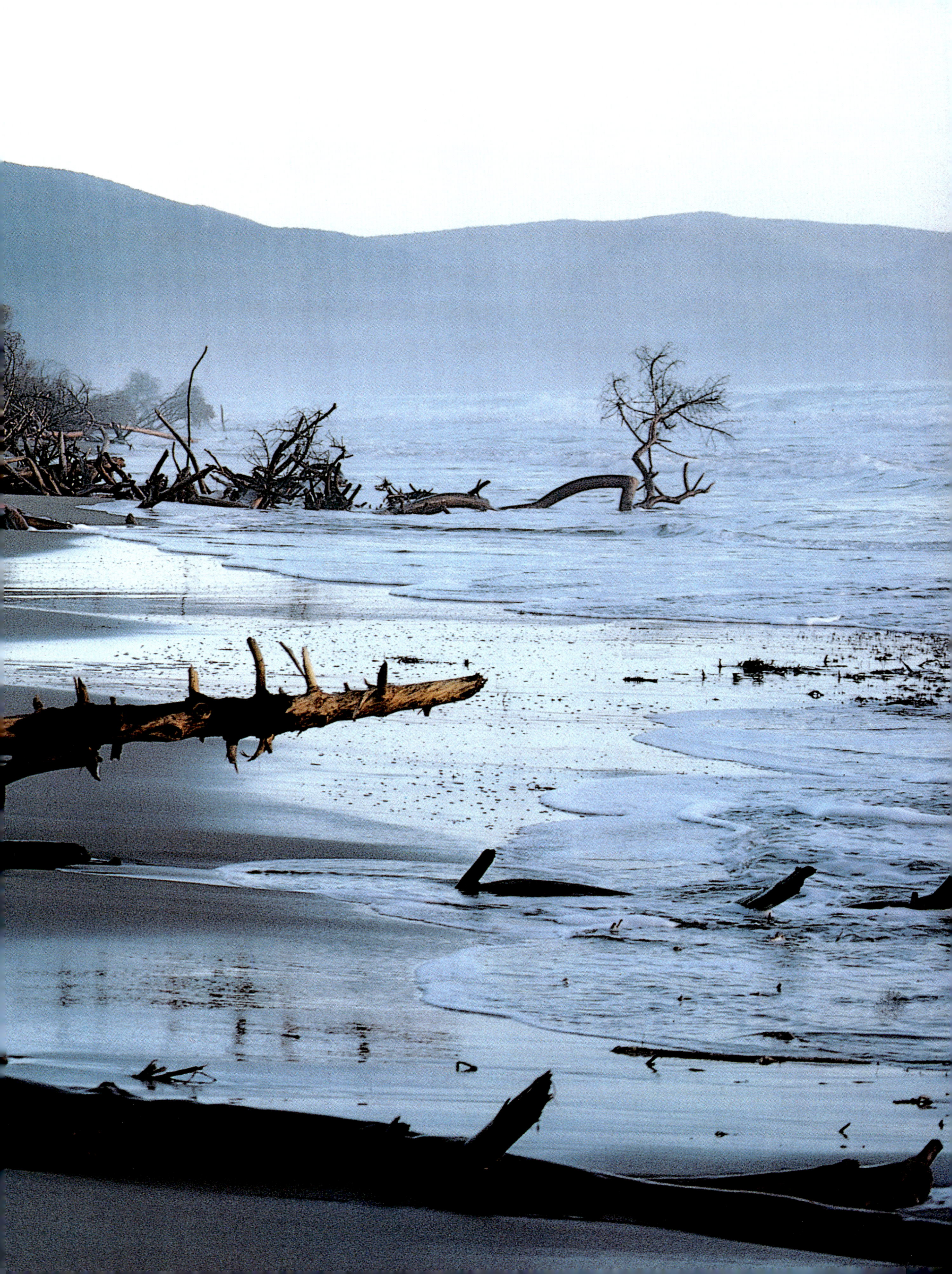

174-175 Gli sbandieratori di Siena si allenano tutto l'anno, in attesa delle giornate del Palio delle Contrade, quando davanti a migliaia di spettatori devono dimostrare la loro abilità.

Battaglie per gioco e per onore

Quanti sono i giochi, le usanze popolari italiane diventati patrimonio non solo della città dove sono nati, ma di tutto il nostro Paese, e forse del mondo? Pochi; e tra questi pochi, quasi tutti hanno origine in Toscana. Se a uno straniero si suggerisce "Siena", probabilmente risponderà "Palio", così come "Firenze" potrà essere accostata a "Calcio in costume", e "Arezzo" a "Giostra del Saracino". Tradizioni antichissime, spesso riesumate nel nostro secolo dopo anni di oblìo, alle quali si accostano altre manifestazioni come il Gioco del Ponte di Pisa, o la Giostra dell'Orso di Pistoia. Ma tutta la regione è un fiorire di feste, che spesso rievocano lo spirito agonistico tra paesi e contrade tipico del Medioevo e che il Rinascimento rielaborò a modi e usanze più distesi e ludici. Lo spirito agonistico diventa vera e propria violenza solo di rado, ma certamente chi assiste a una partita di calcio in costume a Firenze deve, per forza di cose, parteggiare per una o l'altra delle fazioni. La neutralità è bandita, così come le buone maniere. E pensare che le origini del gioco della palla sono nobilissime: la "sferomachia", come viene definita dal "Dizionario della Crusca", arriva dai Greci e dai Romani. A Firenze il gioco è documentato fin dal Quattrocento; un tempo si praticava soprattutto in inverno e persino, nel 1490, sull'Arno gelato, tra Ponte Vecchio e Santa Trinita. La palla pesava dieci once, i costumi erano quanto più possibile comodi, per favorire i movimenti. Ma la cosa più singolare, per l'epoca, era che i contendenti non si servivano di armi, balestre, cavalli, lance, ma soltanto dei loro piedi e, all'occorrenza, delle mani. Oggi le partite si svolgono in Piazza della Signoria e le squadre sono quattro, ognuna in rappresentanza di un quartiere della città: San Giovanni, con il costume verde, Santa Croce, in azzurro, Santa Maria Novella in rosso, e Santo Spirito, in bianco. I colori vogliono ricordare i quattro elementi della natura, la radice, il nucleo delle cose: rosso come il fuoco, verde come la terra, azzurro come l'acqua, bianco come l'aria. Il calcio in costume è, in realtà, una specie di antenato del rugby.

176 e 177 Non risparmiano i colpi i giocatori del Calcio in costume di Firenze. La gara si tiene, a giugno, in Piazza Santa Croce e si svolge tra quattro quartieri: San Giovanni, Santa Maria Novella, Santa Croce e Santo Spirito. Benché i partecipanti siano tenuti a pronunciare un giuramento che li obbliga al fair play, quasi tutto è lecito in questa tenzone a metà tra il football e il rugby, anche se il premio è simbolico: una vitella bianca da mangiare in compagnia, oltre all'immancabile palio.

177

178 *Lo Scoppio del Carro, a Firenze: è quanto resta della tradizione dei grandi carri allegorici a metà tra paganesimo e religiosità, che ebbero il loro periodo di massimo fulgore nel Rinascimento.*

178-179 *La notte tra il 16 e il 17 giugno, Pisa spegne i lampioni elettrici e accende i lumi a olio, per celebrare San Ranieri. E il giorno dopo, è festa grande con il Gioco del Ponte.*

Rientra nelle "regole" il placcaggio dell'avversario, con conseguente strappo di giubbe e abuso di colpi più o meno subdoli. La confusione aumenta con il numero dei giocatori in campo, ventisette per squadra tra Datori, Sconciatori e Corridori, con in più il Capitano e l'Alfiere. Spesso il caos coinvolge anche il Maestro di campo, che ha il suo daffare a controllare ognuno dei cinquantaquattro scatenati. Scopo del gioco è segnare un punto lanciando la palla nel fondo-campo avversario, realizzando così una caccia. Un tiro in porta non seguito dal risultato fa segnare mezza caccia in favore dell'avversario. E se la cosa sembra facile, spesso le partite degenerano in vere e proprie risse da mercato, con giubbe a brandelli e colpi proibiti assestati tra il vociare del pubblico, nonostante il "giuramento di lealtà" che i capitani devono pronunciare prima della gara. Alla fine di tanta fatica il premio per il quartiere vincitore è simbolico, come tutti i premi delle feste popolari: un palio e una vitella bianca, da consumare in un grande banchetto, insieme. Altrettanto antiche le origini della Giostra dell'Orso di Pistoia, che si tiene in luglio, in onore di San Jacopo. Da principio era il Palio dei Barbieri, una lunga gara di velocità che si correva per tutta la città, con gran finale in piazza del Duomo. Solo dopo la Prima guerra mondiale il Palio diventò Giostra, ossia un gioco in tondo, basato soprattutto sulla destrezza. Ma il gioco così come si svolge oggi inizia alla fine degli anni '40, con numerose licenze: era preceduto addirittura da una partita di rugby in costumi "primitivi" e da una sessione di lotta nel fango! Oggi la Giostra si corre in costumi quattrocenteschi, con gran dovizia di comparse, tamburini, sbandieratori. I cavalieri sono dodici, in rappresentanza degli antichi rioni della città, e si affrontano in un anello di terra battuta ricavato dalla piazza, così come si fa a Siena. Scopo del gioco è colpire con la lancia un bersaglio a forma di orso (lo stesso che compare nello stemma araldico di Pistoia), cercando di precedere lo sfidante. Bisogna dire che, pur se ripresa solo di recente e con lunghe sospensioni, la Giostra dell'Orso sta entrando nello spirito della città: gli abitanti dei rioni si stanno trasformando rapidamente in "contradaioli" e forse sognano, in futuro, la stessa gloria di Siena, con tanto di ripresa televisiva in diretta e lotta tra i network per aggiudicarsi l'esclusiva.

179 in basso La processione di San Ranieri, a Pisa, riunisce i fedeli di tutti i quartieri della città in una grandiosa luminaria ricca di suggestione, canti e preghiere.

L'estate è il tempo dei giochi, e anche a Pisa non si fa eccezione. La festa più sentita, più amata, è quella dedicata a San Ranieri, il patrono: il 16 e il 17 giugno sull'Arno si accende la luminaria, grandiosa parata di lumi a olio. La sera del 16 i lampioni elettrici si spengono e, mentre il buio invade la città, le rive del fiume iniziano a risplendere di decine di migliaia di fiammelle. Le piccole lampade sono spesso appese alla "biancheria", supporti di legno bianco applicati alle facciate delle case e dei palazzi.
In contemporanea, migliaia di minuscole barchette, con il loro carico luminoso, vengono affidate alle acque e scendono lentamente al mare. Il giorno successivo esplode invece la festa, quando i quartieri di Santa Maria, Sant'Antonio, San Francesco e San Martino prendono posizione per una regata che culmina con la salita dei rematori su una lunga pertica, sulla quale è issato un cencio ricamato.
Non era invece legata al ricordo di un santo la Giostra del Saracino di Arezzo: anzi, un tempo si teneva per celebrare degnamente un avvenimento importante o per onorare un ospite illustre.
La rievocazione storica che si celebra oggi differisce da quella tradizionale anche perché in origine qualsiasi cavaliere poteva parteciparvi, mentre ora sono i giostratori che rappresentano i diversi quartieri della città a fare da protagonisti. I riti che precedono la festa sono quelli tipici dei palii: al mattino l'araldo legge il bando, seguito da un corteo di armigeri e tamburini. Nel pomeriggio le armi e i contendenti ricevono la benedizione nelle chiese parrocchiali dei rioni, mentre in Piazza Grande si esibiscono gli sbandieratori. La giostra vera e propria si svolge tra due contendenti, che si lanciano contro il buratto, il saracino. Se colpito, il fantoccio inizia a roteare il suo flagello armato di palle piombate e il cavaliere deve essere pronto a schivare i colpi: oltre al dolore, ne ricaverebbe una penale.
L'elenco potrebbe continuare a lungo: quasi in ogni città o paese della Toscana si tiene una giostra, una festa, un torneo, con origini più o meno documentate. Ma nessuna manifestazione potrà mai superare, in fama e suggestione, il Palio di Siena. Negli ultimi anni, gli animalisti si sono spesso scatenati contro la corsa, paventando maltrattamenti ai cavalli, il loro utilizzo improprio e il destino crudele che, a volte, li vuole vittime sacrificali della passione collettiva. I senesi si difendono affermando che, dal canto loro, l'interesse è tutto per il destriero al quale è affidata la sorte della contrada. Dopo l'assegnazione, che avviene per sorteggio, il cavallo non può essere sostituito e viene curato, vezzeggiato e vegliato come un principe ereditario. Un uomo di fiducia della contrada dorme nella stalla, per assicurare il suo benessere; nei tre giorni che precedono la gara, i veterinari sono gettonatissimi; e alla fine della loro carriera gli animali anziani o infortunati finiscono in confortevoli "pensionati", nelle belle colline senesi. Polemiche a parte, sul Palio delle Contrade si è detto e scritto di tutto; le norme che lo regolano e che nel loro assetto odierno risalgono alla metà del XVII secolo, sono ferree e probabilmente non esiste un solo senese che le vorrebbe mutare di una virgola. Una parte importante viene affidata alla sorte, che decide quali contrade potranno partecipare alla festa: dieci, e non più, sulle diciassette esistenti.
E la sorte, come si è visto, decide anche l'assegnazione del cavallo. Il fantino, invece, viene scelto, pagato e controllato dai contradaioli. Alcuni nomi sono entrati nella leggenda, come quello del mitico Aceto o di Andrea Meloni, per i record di palii vinti nel Novecento. Un tempo il denaro aveva una grande importanza, perché i fantini avevano la facoltà di corrompere gli avversari, ma oggi sembra che la sete di vittoria sia più forte; e comunque, la contrada sa ben ricompensare l'uomo che ha reso possibile il suo successo. E questo benché, in fondo, il fantino non sia che un elemento secondario, strumentale: è il cavallo a vincere, il suo cavaliere può finire a terra, scagliato contro i materassi che imbottiscono la temibile curva di San Martino. Gli si somministreranno le cure del caso, ma senza drammi. Eppure tutto questo fa parte della vita intima, interna delle Contrade. Chi assiste al Palio non vede altro che un trionfo di colori, suoni e allegria. La festa inizia fin dal mattino con una messa celebrata dall'arcivescovo sulla piazza, seguita da una prova poco entusiasmante, la "provaccia": nessuno ha voglia di rischiare l'azzoppamento del cavallo e invece di correre si passeggia.

181 La Regata delle Repubbliche Marinare è la celebrazione dei secoli gloriosi in cui Pisa contendeva a Venezia, Genova e Amalfi il dominio dei mari. Delle lotte di un tempo è rimasto solo l'agonismo che scatena la folla e incita i partecipanti.

Un'altra benedizione arriva nel primo pomeriggio, nella chiesa di Contrada. Tutti gli abitanti si stringono attorno a cavallo e cavaliere, per sentire le parole del sacerdote: "Va' e torna vincitore". Intanto, in Piazza del Campo arrivano i turisti: i ricchi e i fortunati siedono sui palchi o ai balconi, gli altri si assiepano nella "conchiglia", cercando di resistere al caldo, alla ressa, alla tensione.
Mentre il sole comincia lentamente a calare, tingendo di rosso i palazzi, il campanone della Torre del Mangia risuona, e il corteo storico inizia a sfilare. È poi il turno del mossiere, che cerca di far entrare i cavalli, montati rigorosamente a pelo, tra i due canapi, prima di dare la partenza. La gara dura solo qualche minuto, ma chiunque vi abbia assistito, anche una sola volta, la ricorda come un momento dilatato nel tempo, in cui si fatica persino a respirare. Tutta Siena trattiene il fiato, per poi esplodere in un urlo di gioia o di disperazione. Qui lo spirito di De Coubertin non vale nulla: l'importante è vincere, e basta.
Le contrade rivali non fanno pace, niente abbracci consolatori. Ci si ritroverà, però, la sera, in immense tavolate, a discutere, ridere, litigare. La contrada che ha trionfato riserva un posto anche per il cavallo. L'altro posto d'onore è per il palio, il drappellone dipinto ogni anno da un artista diverso. Preferibilmente senese, va da sé.

182 e 183 È compito del Maestro di Campo dirigere la Giostra del Saracino di Arezzo. Un tempo la manifestazione era organizzata per onorare visitatori illustri, principi e sovrani. Oggi la contesa è tra i rioni storici della città, Porta Sant'Andrea, Porta del Foro e Porta Santo Spirito, che si sfidano nella Piazza Grande.

183

CORRE L'ANIMA DI SIENA

184 e 185 Gli sbandieratori, insieme agli armigeri, ai balestrieri e ai paggi, partecipano alla sfilata storica che precede il Palio di Siena. Per i ragazzi è un grande onore far volteggiare in cielo i colori delle loro contrade; ogni quartiere vanta i suoi colori, le sue tradizioni, e persino musei dedicati ai palii passati, dove si possono ammirare preziose bandiere, stendardi e i drappi conquistati. Le immagini riportano i colori di alcune delle diciassette contrade: Drago, Giraffa, Istrice, Torre, Tartuca, Pantera, Onda, Lupa, Chiocciola.

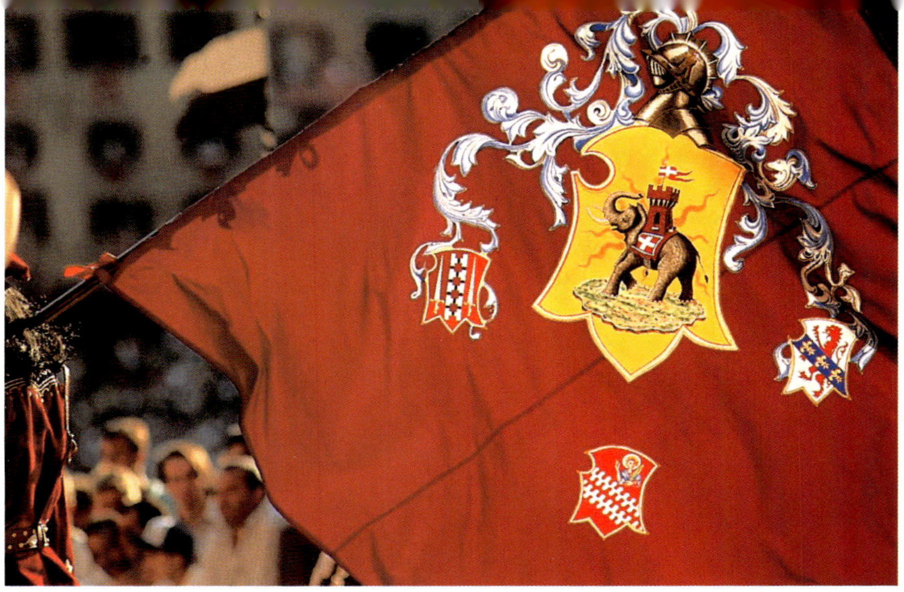

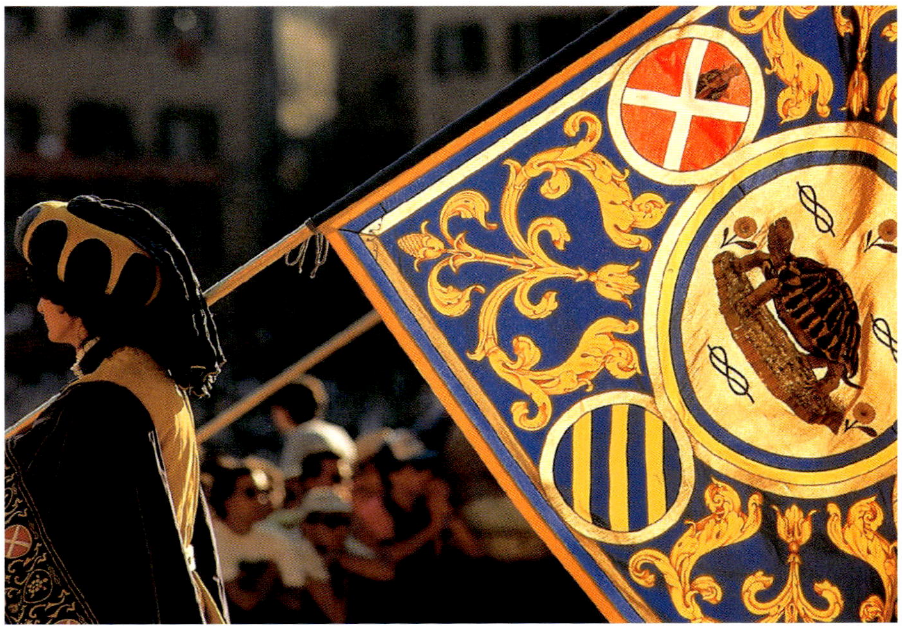

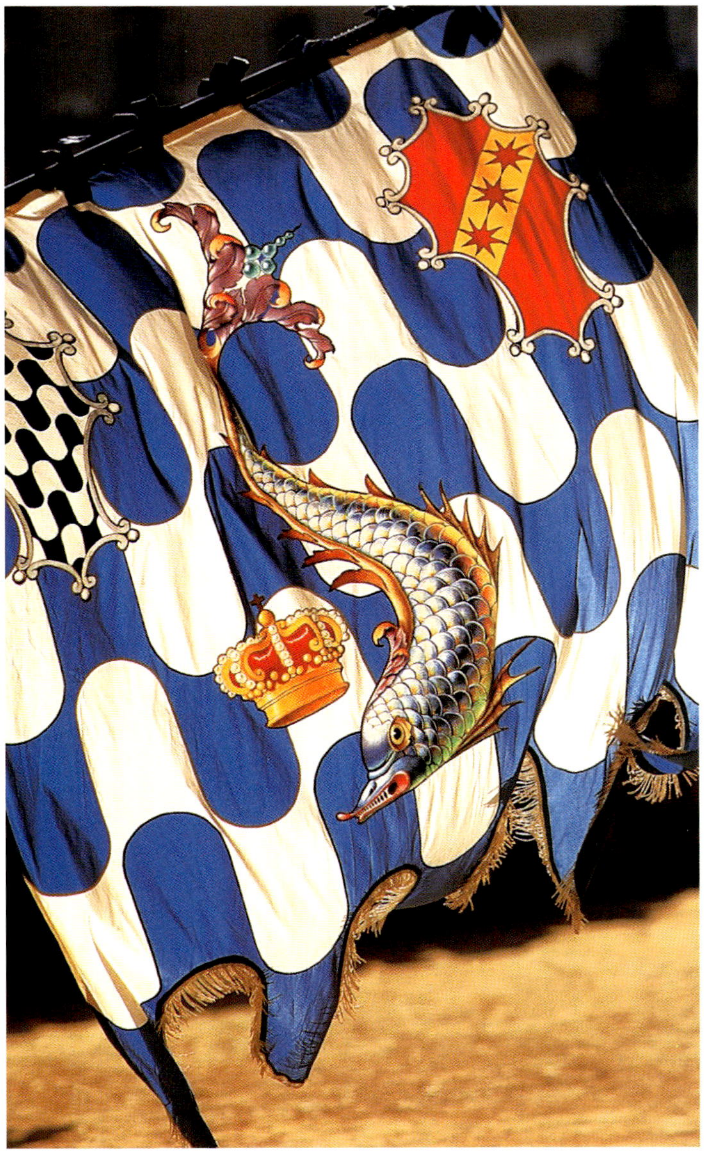

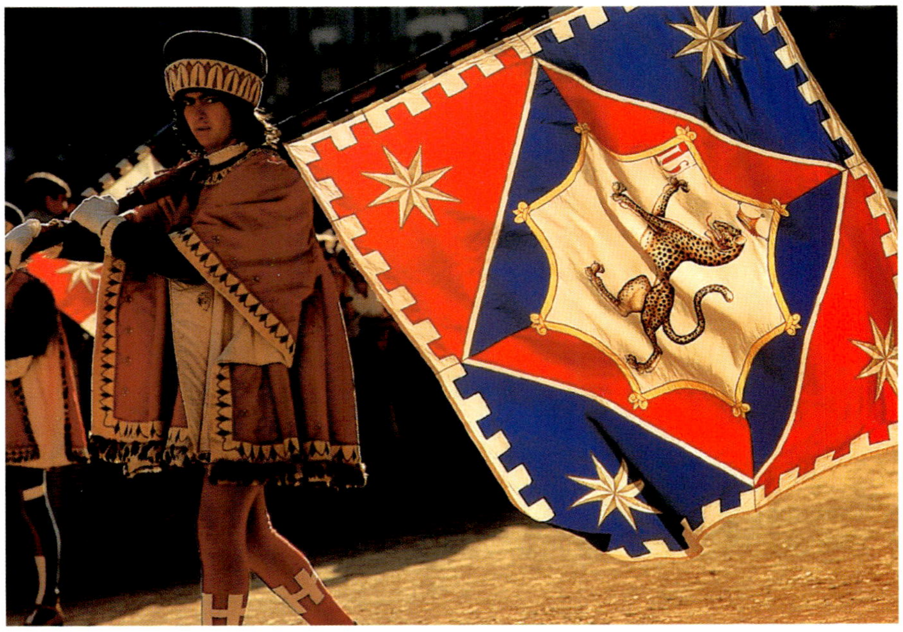

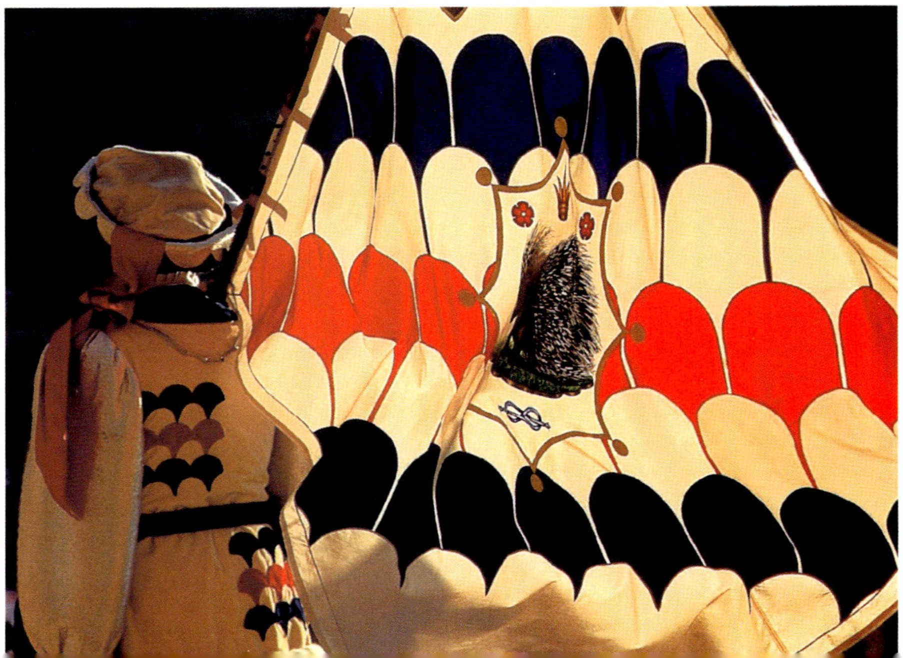

186 e 187 Il Palio di Siena non dura pochi minuti ma un intero anno. La mattina del gran giorno, ogni contrada accompagna il cavallo che le è stato assegnato alla benedizione del parroco, prima di iniziare il corteo storico in Piazza del Campo. I costumi, le armi, le decorazioni sono perfette repliche di quelli medievali. L'ambito premio è il "cencio", come viene popolarmente chiamato, una tela dipinta ogni volta da un artista diverso. Grandi pittori hanno onorato la città con le loro opere, ma da qualche tempo si privilegiano i pittori senesi.

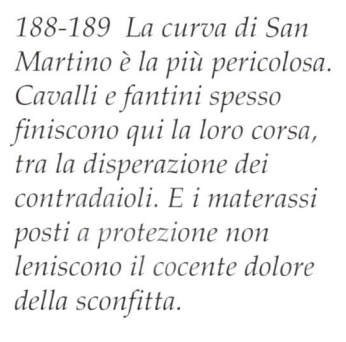

188-189 La curva di San Martino è la più pericolosa. Cavalli e fantini spesso finiscono qui la loro corsa, tra la disperazione dei contradaioli. E i materassi posti a protezione non leniscono il cocente dolore della sconfitta.

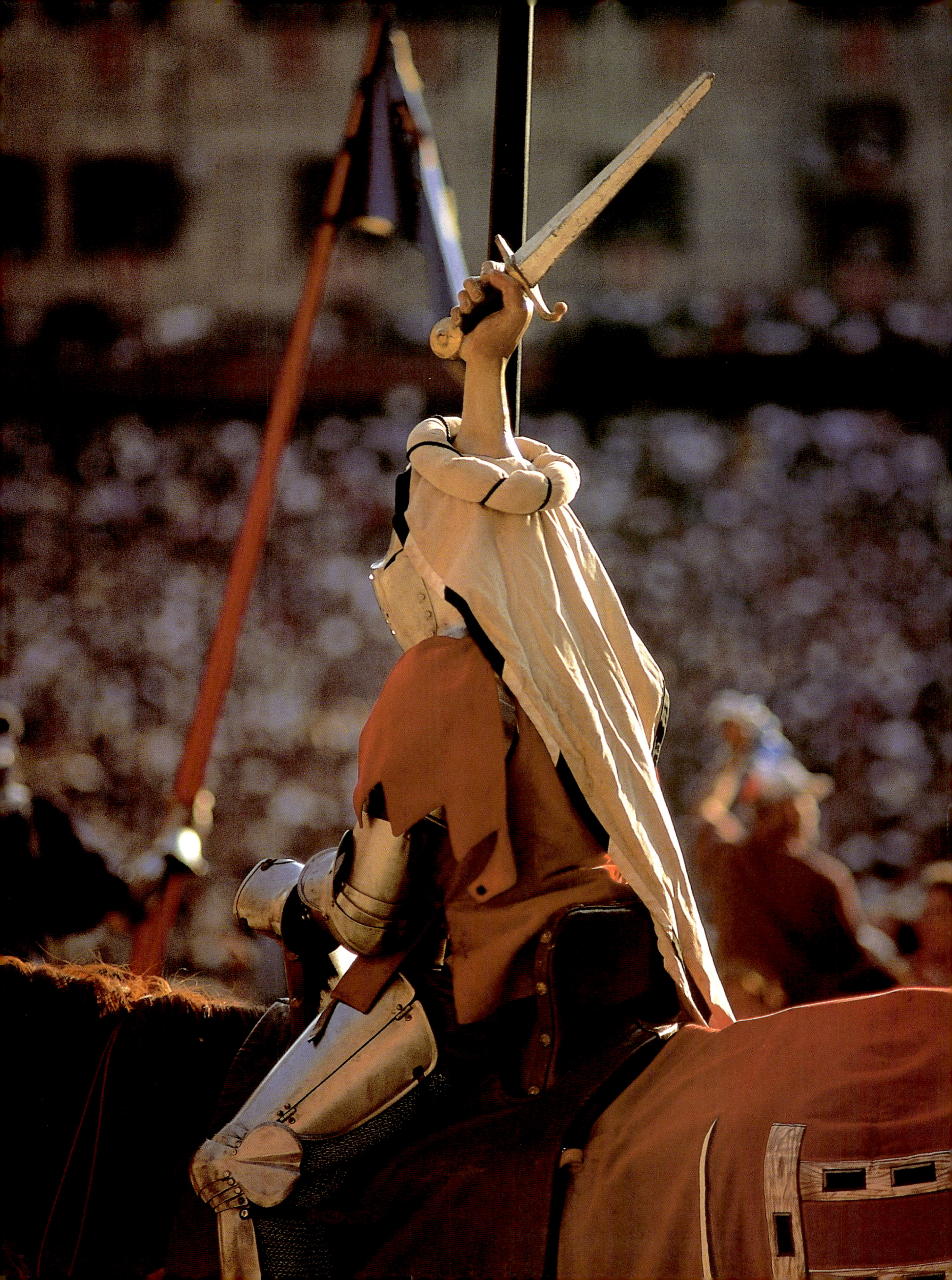

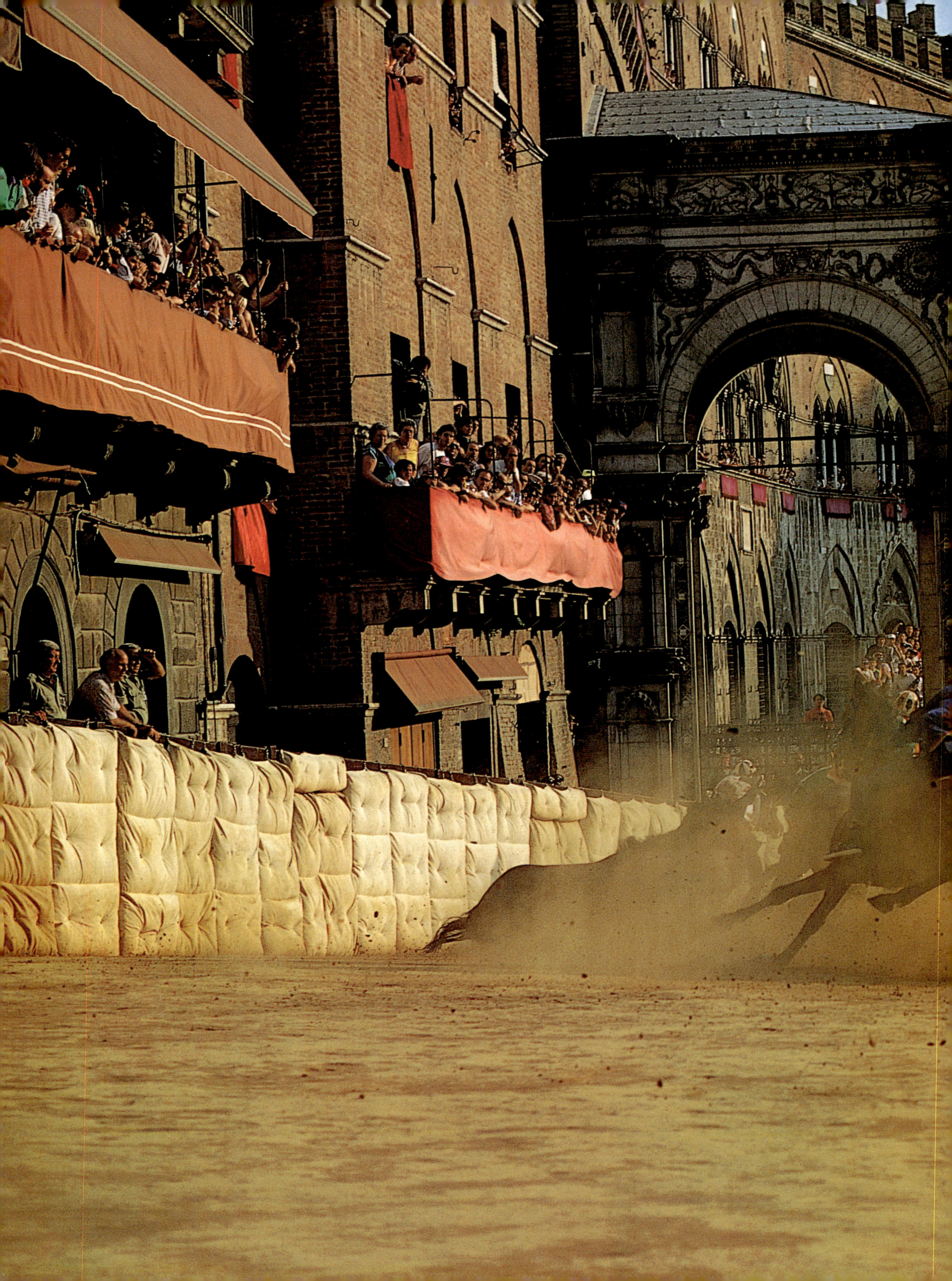

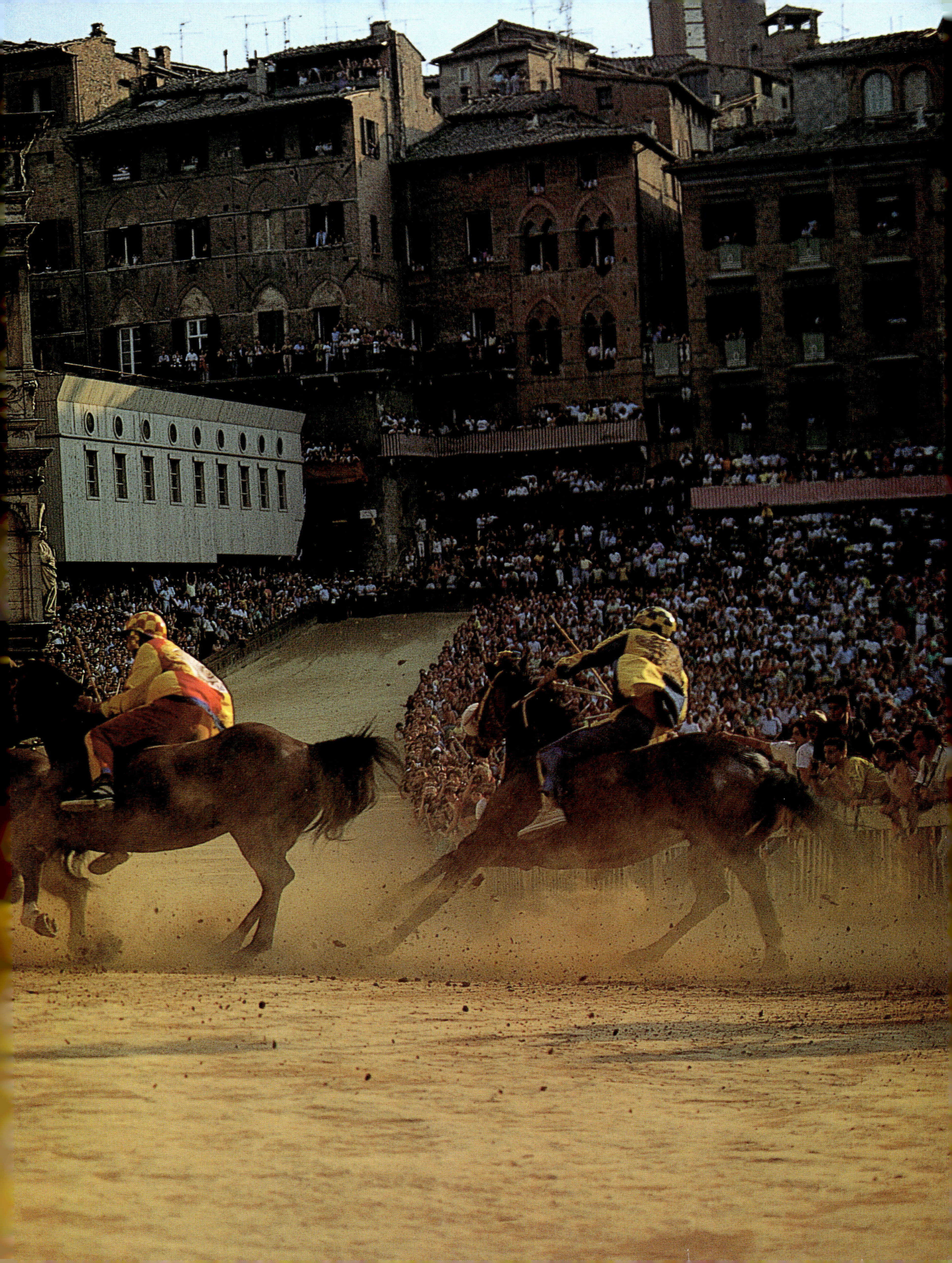

190 Tre minuti di angoscia, poi, per una parte di Siena, esplode l'entusiasmo, mentre le altre si disperano. Il palio viene preso in consegna dai contradaioli, baciato, toccato, invocato.

190-191 Dopo la trepidazione, i vincitori festeggiano con un grande banchetto. Ospite d'onore è il cavallo, vero eroe della giornata.

192 *Il nome della fontana di Bartolomeo Ammannati, in Piazza della Signoria a Firenze, è* Carro di Nettuno, *ma, come si è detto, tutti i cittadini la chiamano, con un misto di bonarietà e malizia, il Biancone.*

REFERENZE FOTOGRAFICHE

Antonio Attini/Archivio White Star: pagg. 10-11, 20-21, 30, 31, 46-47, 54 in alto, 54 in basso, 55, 56-57, 58 in alto, 76, 77, 78, 79, 80-81, 84-85, 86-87, 88 a destra, 92 in alto a destra, 93, 104, 105 in basso, 106-107, 108, 109, 115, 116-117, 136-137, 137, 138-139, 148-149, 162-163.
Marcello Bertinetti/Archivio White Star: pagg. 24-25, 88 in alto a sinistra, 96, 97, 102-103, 110-111, 114 in basso, 165 in basso a destra, 166-167, 174-175, 177 in basso, 184, 185, 186, 187, 188-189, 190 in basso, 191.
Giulio Andreini: pagg. 2-3, 37, 42-43, 92 in basso a destra, 94, 158-159, 161, 164.
Giulio Veggi/Archivio White Star: pagg. 1, 4-5, 6-7, 8-9, 15, 22-23, 26-27, 28, 29, 32, 33 in alto, 34 in alto, 44, 45, 52, 53, 57, 58 in basso, 59, 82-83, 85, 86, 88 in basso a sinistra, 89, 90, 91, 92 a sinistra, 98, 99, 100 in basso, 104-105, 112, 113, 114 in alto, 114 al centro, 120-121, 124, 125, 126-127, 128-129, 130, 131, 132, 133, 134, 135, 140-141, 142-143, 144, 145, 146, 147, 150, 151, 152-153, 154, 155, 156-157, 160, 164-165, 165 in basso a sinistra, 169 in basso, 170-171, 176, 177, 179, 180, 181, 192.
Valeria Manferto De Fabianis/Archivio White Star: pag. 190 in alto.
Stefano Cellai/Sie: pag. 123.
IGDA: pag. 100 in alto.
Erich Lessing/Contrasto: pagg. 16-17, 48 e 49, 50-51, 51 in alto, 51 in basso, 60 e 61, 66 e 67, 68, 69 a sinistra, 69 a destra, 72 a sinistra, 72 a destra, 73, 74, 75 a sinistra, 75 a destra.
Andrea Pistolesi: pagg. 100-101.
Emanuel Saïller: pagg. 12-13, 18-19, 168, 169 in alto, 169 al centro, 170 in basso, 171 in basso, 172-173.
SCALA: pagg. 33 in basso, 34 in basso, 35, 38-39, 41, 62, 64, 65, 70, 71, 94-95, 118, 119.
Angelo Tondini/Focus Team: pagg. 182, 183.
Stato Maggiore dell'Aeronautica Militare Italiana: pag. 84.